本书列入"十一五"国家重点图书出版规划

北大高等教育文库·大学之道丛书（第四辑）

我的科大十年(续集)

孔宪铎 著

北京大学出版社
PEKING UNIVERSITY PRESS

图书在版编目(CIP)数据

我的科大十年(续集)/孔宪铎著.—北京：北京大学出版社，2011.7
(北大高等教育文库.大学之道丛书.第四辑)
ISBN 978-7-301-19156-9

Ⅰ.①我… Ⅱ.①孔… Ⅲ.①香港科技大学－学校管理 Ⅳ.①G649.286.58

中国版本图书馆 CIP 数据核字(2011)第 116238 号

书　　　名：我的科大十年(续集)
著作责任者：孔宪铎　著
丛 书 策 划：周雁翎
责 任 编 辑：郭　莉
标 准 书 号：ISBN 978-7-301-19156-9/G·3189
出 版 发 行：北京大学出版社
地　　　址：北京市海淀区成府路 205 号　100871
网　　　址：http://www.jycb.org　http://www.pup.cn
电 子 信 箱：zyl@pup.pku.edu.cn
电　　　话：邮购部 62752015　发行部 62750672　编辑部 62767346
　　　　　　出版部 62754962
印 　刷 　者：三河市富华印装厂
经 　销 　者：新华书店
　　　　　　650 毫米×980 毫米　16 开本　16.25 印张　197 千字
　　　　　　2011 年 7 月第 1 版　2011 年 7 月第 1 次印刷
定　　　价：35.00 元

未经许可，不得以任何方式复制或抄袭本书之部分或全部内容。
版权所有，侵权必究
举报电话：(010)62752024　电子信箱：fd@pup.pku.edu.cn

目 录

第一章　续集缘起 ·· 1

第二章　负笈问道：象牙塔里师长的启蒙 ··············· 23

第三章　耳濡目染：象牙塔文化的熏陶 ·················· 41

第四章　理念相通：三位大学校长的激励 ··············· 61

第五章　身体力行：将"以人为本"付诸实践 ··········· 99

第六章　领军人物：创办香港科大的校长 ············ 211

后记 ·· 227

附录 ·· 240

第一章

续集缘起

▲ 香港科技大学创校初期的"三位老友"合影,右为作者,中为校长吴家玮,左为张立纲院士(1992)。

真的是"光阴荏苒,日月如梭"。一转眼,我已经从香港科大退休将近十年了。退休后,每当春暖花开的季节到来,我就像候鸟一样上路,飞回故国——中国,奔往故乡——山东。今年是落脚在山东大学,受徐显明校长(图1)之聘,侧身为顾问教授。山东是我出生的地方,也是孔孟桑梓之邦。一生走遍世界,从未忘掉我是"山东人",也从未改掉我的山东口音,更从未忘掉"以山东人为荣"。在落魄睡在香港的水泥马路上时,我没有忘记我是山东人,因为"我爱山东";在腾达时住在北京饭店的豪华卧室中,我也没有忘记我是山东人,也因为"我爱山东"。山东是生我、养我、育我的地方。像所有的中国人一样,谁都爱自己出生的土地。虽然,我在十岁就离开了山东,可是,三十多年之后,又回来了。我的第一份名誉教授聘书,也是山东农业大学颁发的(图2),编号也是天字第一号。那是改革开放初期一年的夏天。

图1　山东大学校长徐显明(2008)

图 2 山东农业大学校长施培（前左一）和校级领导们在授予作者（前左三）名誉教授后合影。

我在山东的多所大学，如山东大学、山东师范大学、山东农业大学、山东建筑大学、济南大学、经济学院、中华女子学院、泰安学院、教育学院、青岛大学、临沂大学的前身临沂师范学院和农业学校、山东电力专科和济宁医学院等（图3）都做过多次学术报告，其中以在山东大学（图4）和山东建筑大学（图5）所做的报告最多，都超过五次以上。光是在山东大学就讲过六个不同题目，如："谁来养活中国"、"中药现代化"、"背水一战"、"基因与人性"、"我的科大十年"和"我的科大十年（续集）"。我面向高校的成员写了三本书，第一本是《背水一战》（香港三联出版社，1997），写的是我的自传，可以用之向大学生讲解我从纱厂小工到大学校长的奋斗过程。努力是我最大的本钱。第二本是《东西象牙塔》（北京大学出版社，2004），写的是我如何挤进美国的象牙塔和经历了中外十二所大学的经验。要进象牙塔，必须能做研究，能

图3 山东济南各高校中临沂籍的领导们与作者（临沂人）合影。（由右至左）济南大学书记李现成，山东师范大学校长赵彦修，——，中华女子学院书记胡升秀，作者，山东大学副书记赵明顺，山东建工学院书记綦敦祥，财政学院副书记鲁凡，山东建工学院岳宝德（2001）。

图4 山东大学前后任校长曾繁仁（左二）和展涛（右一）与作者夫妇合影（1998）。

教书和能为社会服务，可以以此书向研究生们讲述我挤进和生存在象牙塔里成功和失败的地方，供他们参考。第三本是《我的科大十年》（北京大学出版社，2004，增订本），记述的是创办香港科技大学的经验和谋求成功之道，那便是"Recruit the best people and keep them happy"（选拔世界英才，并使之乐不思蜀），是为教授和行政人员所写的参考书。可是在这本书中，写的多是如何选拔世界英才，涉及"使之乐不思蜀"的地方不多，所以应该为《我的科大十年》再写一本续集，专门讲述使同事们来科大之后我在"乐不思蜀"上的作为和案例。

图5　山东建工学院綦敦祥书记（左）与作者夫妇合影（1998）。

因为我在学校所作的报告，对象多是以大学生为主，所以题目都集中在"背水一战"上，来激励学生奋发。我还记得，第一次对山东的在校大学生讲"背水一战"，是2001年的2月14日，正是情人节，在山东建工学院（山东建筑大学的前身）。我于2月23日收到来自建工学院团委的《孔宪铎博士报告会在我院大学生中引起强烈的反响》一文，文中说，当天有550名学生在现场，还有3500名看现场直播的听众，一共

4000多人。学生的反应是:"孔宪铎博士有丰富的人生阅历,言谈风趣,思维敏捷,具有学者风度和演说家的风范。"这些反响给我极大的鼓舞。以后在哈工大(图6)、武汉大学(图7)、济南大学(图8)以及山东

图6 哈尔滨工业大学副校长王福平(左)与作者在香港科技大学留影(1998)。

图7 前武汉大学副校长、现北京政法大学校长黄进(右)与作者夫妇合影(2009)。

图 8　济南大学校长溪正楷（右一）与书记李现成（左一）在作者向学生作演讲后赠予纪念品（2002）。

师范大学（图 9）对各逾千名大学生讲"背水一战"时，亦获得同样的成功。这使我兴趣大增，信心十足地到各高校对在校学生讲"背水一战"，这几乎成了我

图 9　山东师范大学校长赵彦修（右）访问香港科技大学时在作者办公室合影（1997）。

退休后的职业。直到2003年9月,北大光华管理学院张维迎副院长(图10)邀约我去讲"科大十年的经验",我才转换了目标和题目,因为听众不一样了。

图10　北京大学光华管理学院院长张维迎(左二)、蓝海电视总裁诸葛虹云(右一)与作者夫妇合影(2011)。

　　哈工大主持我的演讲的副校长王福平,在访问香港科大时,我送了他一本我的自传《背水一战》。他读完之后,深受启发,决心去修博士学位。当他读完博士学位并告知我时,我深为感动。这本书能够激励一个人奋发向上,我就心满意足了。

　　我有撰写《我的科大十年》的念头很久了,几乎是在我离开马里兰大学远去香港科技大学就职的同时,因为我的直觉告诉我,由留学生回到国门口去创建一所崭新的现代大学,将在西方象牙塔中的所学,用在创建一座东方象牙塔上,一定是一桩具有历史性意义的创举。所以,我在理学院院长任内,就亲自去把所属五个系的创办者的相片照下来了。这就是为什么张张照片都有我。这些过程都在《我的科大十年》一书中有所记载。只是,当时没有人确切地预料到,科大十年有成，而跻身世界名校之列。

《我的科大十年》的定稿，是在 2001 年的 6 月完成，我从 1991 年 6 月抵港赴任，到 2001 年 6 月完成定稿，是整整十个年头，所以"我的科大十年"是货真价实的"十年"。定稿之后，我影印了多份，请高人指点。杨祥发兄（图 11）为我很细心地不厌其烦地改正了很多错字。张立纲院长（图 11）很谦逊地进言，劝我对老板正面的记述多加一些。丁学良老弟（图 12）建议多引述一些实例以求引人入胜。图 12 这张照片看来是长幼有序，学良老弟特别在反面写上："尊师爱长是俺的本色。"他就是与众不同。而雷明德院长（图 13）则拿着我的定稿对我说："S. D.①，你写的这本书，除了你我是有兴趣看的人之外，还有什么人会看？"《我的科大十年》先是在香港由三联书店于 2002

图 11　张立纲院士（右一）和杨祥发院士（左三）与科学名人讲座主讲者，诺贝尔化学奖获得者 Dr. R. A. Marcus（右三）和香港浸会大学前后任校长谢志伟（右二）、吴清辉（左一）与作者合影（1994）。

---

①　S. D.：Shain Dow 的简写，这是香港科大同事们对我的称呼。

年出版，印了1000册，销路一般，读者面也小。我心里想："雷院长说对了。"只好自我安慰，自言自语地对自己说："反正是想一五一十留下一份工作十年的记录。别人有没有兴趣看，是我身外之事。"当时没有想到的是，虽然在香港"有兴趣看的人"不多，因为香港只有八所高校，可内地的高校有近两千所，在内地，"有兴趣看的人"可就多了。

图12 "尊师爱长是俺的本色"，是送我这张照片的丁学良（右）写在照片后面的自白。

图13 雷明德院长（中）与作者夫妇（2001）。

《我的科大十年》这本书在市场上的命运，和世间的人生一样起伏多变，忽然间是峰回路转，吉星高照，制造这项改变的最大功臣是丁学良学弟。他是很有声望和影响力的社会活动家，大家多称他为"哈佛才子"。他一方面到处宣讲"什么是世界一流大学"，同时也在讨论中涉及"中国内地能不能办成世界一流大学"，一方面又介绍香港科技大学的崛起和推荐这本《我的科大十年》。听说他自己出钱买了上百本北京大学出版社出版的《我的科大十年》，分赠有识之士。当时很多年轻力强、目光远大、博学精研、雄心万丈而又热心致力于高校改革的年轻学者，如曾任山东大学副校长、中国政法大学校长，现任山东大学校长的徐显明教授，时任北大光华管理学院副院长、现任院长的张维迎教授，时任武汉大学副校长、现任中国政法大学校长的黄进教授以及著名的教育学家、北京理工大学教育科学研究所所长杨东平教授（图14）等，都得到了这本书。他们邀请我去北大、政法大学和武大讲过"科大十年"，杨教授更是推荐我到凤凰卫视的"世纪大讲堂"讲"基因与人性"。他还在《北京晚报》（2004年9月29日）上写了书评：《解读一个新大学的传奇》。他说："最基本的管理之道……为这样一句至理名言：ّRecruit the best people and keep them happy.'这是孔博士在书中最为津津乐道并身体力行的。他强调'以人为本'……而更是用'三顾茅庐'的方式，设身处地、人情备至地吸引优秀人才。他经历了这样的感动，并不断地去感动别人。……这种对过程、程序、规则和细节的重视，正是我们的管理和研究中所最缺乏的。"张维迎教授说他把这本书读了三遍，还将重要的建校章节"创校基石：以人为本"复印多份，分赠相关同事。这本书在高校之间，经由他们的推荐而走红，更重要的是，由张维迎院长在北大所主导的制度改革运动中，采用的制度和香港科大的制度一样。在2004年11月25日，张维迎院长还写了一篇近两千字的读后感，这篇读后感的题目是：《大学需要领导力——读孔宪铎〈我的科大十年〉》。他的这篇文章我读了好几遍。他说:"光华管理学院所做的事情,与他们在科大所做的事情有诸多相似之处。……特别是孔先生书中多次讲到的'招聘最好的教员,并使他们快乐'。……面对反对的声音,重读这本书总是给我力量。……敢于到世界各地招聘比自己更优秀的人。……孔宪铎先生正是这样一位充满激情的教育家。"他写的最后一句话是:"《我的科大十年》值得所有中国大学的领导人一读。"这是多么好的推荐语,真是千金难求。

图 14　杨东平所长(左)与作者,我们是生在山东省郯城县的小同乡(2004)。

更重要的是,香港科大十年有成,列入世界名校行列,经世界权威大学排行榜之一的英国《金融时报》(The Financial Times)和《泰晤士报》(Times)及时广为通报,在学术界,几乎是无人不知,无人不晓,并被赞为"奇迹"。这一"奇迹"挟其声誉,横扫全国,吸引了无数学子争先报考科大,科大在一转眼之间,成为内地优秀学子向往的金字象牙塔,连有些高考状元,都舍弃北大、清华而奔向科大。就在此时,北大出版社出版了《我的科大十年》增订本，同时（2004年9月），我也有幸考取了北大心理学系博士班读研究生。当时，以我70岁高龄，进入北大读研究生，也被很多报章称为"奇迹"。这两个"奇迹"加在一起，产生极大的宣传效果，北大出版社告诉我，《我的科大十年》销路很好。我以前在科大的同事Betty Law和Vincent Cheung也相继告诉我："我们每次到访内地各地的高校，他们都说读过或知道《我的科大十年》这本书和你这个作者。"Vincent在今夏还特别从多伦多来电话告诉我此事。有的人还告诉我："内地的很多大学校长都有这本书。"

这本书能够广泛地在高校中流传，与丁学良、张维迎、徐显明、杨东平、王福平和黄进等多位教授的推荐分不开。徐显明、张维迎和黄进等几位，和我相识时都是副手，我们认识之后，他们又都先后升为一把手，所以，有一次我对他们开玩笑说："你们都是在认识我之后升级的，是我给你们带来的好运。"好像是徐显明校长说："因为你认识的这些人，都不是平常的人。"毫无疑问的是，这些人都是当代学界的精英，开路的先锋。

天下之事，很多在发生之前是没有人能预料到的。科大的崛起，就是一个例子。其实，你若从另外一个角度来看，科大的十年有成，也不是意外或奇迹。你若知道科大的创建目标和创建团队的雄心，科大能有今天，就不足为奇了。科大之所以能有今天的登峰造极，是因为科大创校的一批先驱们，一开始的目标，就是要登峰造极。仿效诺贝尔奖得主F. Crick的话，可以说："重要的不是科大能有今天的登峰造极，重要的是，科大一开始就招聘到一大批有登峰造极雄心的人。"科大一开始就朝着登峰造极进军，当时任筹备委员会主席的校董会主席钟士元（图15），主管人事的张鉴泉校董和校长吴家玮（图16），他们的嗅觉灵敏，已经闻到一个千载难逢的机遇来临。大家志同道合，同心协力要向登峰造极的目标进军。

图15　与香港科技大学校董会董事长钟士元（右）共祝校庆，中立者为 J. Mize 院长（1996）。

图16　香港科技大学创校初期的"三位老友"合影，右为作者，中为校长吴家玮，左为张立纲院士（1992）。

你要夜以继日地想要登峰造极，才会有达到登峰造极的一日，正如你要有心去找金矿，才能找到金矿一样。

科大确实是十年有成，不折不扣。1991年开课，到2000年，科大的纳米研究成果就为中国科学院院士们评为当年世界十大科技成就之一。科大的工商管理硕士课程也在这时被英国的《金融时报》列入世界前五十名，亚洲第一。接着就是上海交通大学所公布的"世界大学排名榜2003"，一共罗列了500所大学，前十名依次为哈佛、斯坦福、加州理工、加州伯克利大学、剑桥、麻省理工、普林斯顿、耶鲁、牛津和哥伦比亚，除了英国的剑桥和牛津之外，几乎清一色是美国私立大学（加大除外）。在世界500强学府中，为中国大学之首的是台湾大学（名列190），其次为北京的清华大学（248），香港科大排名第三（266），北京大学次之（287），接下来是香港大学（296）、中国科技大学（312）、香港城市大学（332）、香港中文大学（335），而南京大学（341）和复旦大学（345）又次之。

科大的全球排名，近年来不但一直保持居高不下，而且还在跃进。在英国《泰晤士报》的排名中，2009年香港科大的排名，已从2006年的第58名，2007年的第53名和2008年的第39名跃升为第35名。这足见科大教授的实力之雄厚。科大之能够选聘到优良的教授，是因为科大有一套完整的游戏规则，也就是任免的规章和制度，并严格执行。更重要的，是科大有一个"Recruit the best people and keep them happy"的中心信念。好大学是由好教授组成的，正如一个甲组球队是由甲组球员组成的。同样的道理，一个由乙组球员组成的球队一定是一个乙组球队，不能成为甲组。

"Recruit the best people"固然重要，更重要的却是"Keep them happy"，这就是我要写这本书的缘由。《我的科大十年》多是在叙述如何"Recruit the best people"而这一本续集则是集中精力记述如何"Keep them happy"。从"Recruit the best people and keep them happy"这个座右铭上来讲,《我的科大十年》和这一本书是这句座右铭的上下两句,或上下两集,所以这本书的书名,就自然而然成为《我的科大十年(续集)》。

"Keep them happy"可以对应一句中文:"以人为本"。而我是在象牙塔中经历了"以人为本"的感动,然后才不断地去感动别人。"以人为本"是学不来的,只有被"以人为本"的精神所感动,你才能体会到什么是"以人为本",你才会用"以人为本"的精神去感动别人。

1987年,我还在马里兰大学,正为一个新建的校区招兵买马,是Dr. Brown(图17)告诉我,招聘教授时,要把握一个重要的原则,那就是"Recruit the best people and keep them happy"。我马上问他:"Recruit the best people"大家都知道,可是如何"Keep them happy"则会因人而异,在原则上应该怎么去做?他半开玩笑地对我说:"我每天上班做的第一件事情,就是到各位的实

图17 1991年6月,香港科技大学理学院顾问委员会的三位顾问,由作者陪同到香港山顶游览。(右起)吴瑞院士,作者,J. Stuart,Dr. Brown院士(1991)。

验室里对他（她）们说：I love you."我了解了。1991年科大开学前不久，我以科大理学院院长的身份，向科大校长顾问委员会提出工作报告。委员们都是世界一流的俊杰，其中有台湾"科技之父"李国鼎（图18）、"中央研究院"院长李远哲（图19）、著名企业家张忠谋、加州伯克利大学校长田长霖（图20）、香港政坛名流李鹏飞（图19）等。当我谈到"Recruit the

图18　台湾"科技之父"李国鼎（中）于1998年6月4日在马里兰大学（UMBC）接受荣誉博士学位后与作者夫妇合影。

图19　香港科技大学顾问李远哲（中）、李鹏飞（左）与作者合影（1991）。

图20　香港科技大学顾问田长霖校长（左）与作者在科大第一届毕业典礼的行列中（1992）。

best people and keep them happy"时，田校长即问我：你怎么去"Keep them happy"？从表情来看，其他的顾问们也想知道答案，我只有具实以答："理学院有幸请到普林斯顿大学数学系的项武忠教授（图21），他是台

图21　在香港庆祝杨振宁教授七十大寿会上。（右起）郭誉佩，内人，诺贝尔奖得主杨振宁，项武忠院士，作者，杨振汉（1992）。

湾'中央研究院'的院士,也是科大目前所请到的教授中最有名望的一位,我们对他特别礼遇。"这样的答案无法使他们满意,于是田校长说:"很难呀!"

大家都知道,在象牙塔里,或在任何机关,能请到好的人很难,要把好人留下更难,因为请人可以依照现有的硬件,而留人则靠软件。也就是说,请人靠能力,而留人则靠心力。一个是外表的,一个是内心的。人上一百,形形色色,很难全面照顾。在这里我就联想到,一个人一生的事业和为人,也可以说是有外在和内在的两面。以我自己为例,在退休之前,我做学问,也做行政和做人。做学问和做行政,都可以用一定的办法计量,做人则没有计量的方法。而且做人,在有生之年就不能间断。现在国内外的友人们给我的礼遇,我把它看成我昔日做人的利息。别的方面我都在吃老本,只有做人上是在收利息。为此,我也很庆幸自己能在昔日,投下了为人方面的巨额资本。

图22 世界银行首席经济学家兼副行长、北京大学中国经济研究所所长林毅夫与夫人陈云英(2008)。

什么是资本呢?在为人上,昔日对人愈好,助人愈多,你的资本愈大。什么又是利息呢?对你始终礼遇有加的人愈多,你所收的利息就愈高。

从上述这段话里,大家可以想象到,"Recruit the best people"比"Keep them happy"容易奉行多了,这也许就是为什么我在《我的科大十年》一书中,对如何"Recruit the best people"讲得很多,也很详细,而对"Keep them happy"却讲得很少,因为我不知道该如何描述,不知道该怎么讲。直到有一天,我和内人傅静珍同去华盛顿世界银行拜望林毅夫行长并赴午宴。我们按时到达他的办公室时,他正在接电话,他的夫人陈云英女士(图 22)看到我们即夺门而出,给我一个美式的拥抱并说:"孔校长,在我先生未成名之前,你对他的礼遇和照顾,他一生感激不尽。"这句话真是一个意外的惊喜,我说这是意外的惊喜,是因为我做的都是分内之事,从未曾期待任何回报,或像这样的感激。这使我忽然觉得,这不就是"Keep them happy"实践的结果吗?我的头脑忽然开朗了,同时也想到了以前的多项案例,都是与"Keep them happy"有关的。

第一件,是杨祥发教授在 2004 年 4 月 5 日写给我的信。他在信上写道:

……

Eleanor and I would like to take this opportunity to express our gratitude to both you and Helen for the priceless friendship you have given us during the past 10 years since I accepted your kind and generous invitation to join HKUST(香港科技大学)in 1994.

……

Finally,I would like to add that although you are younger than I,you have always provided me with protection and invaluable advice,much like a big brother. We appreciated and cherished very much this friendship. (附录一)

在信上,他说我像一位兄长一样地照顾他,事实上,他又何尝不是像一位手足一样地待我呢!

不幸的是,几年前,他匆匆地走了,我没有去送他一程,我没有看到他走。所以,我仍然如昔日一样,在不见的日子里怀念着他。

杨祥发教授走了才三年,张立纲教授也在去年走了。我常与他的夫人张象容通电话,她是我中兴大学的同学,高我一年,是我的学姐。她告诉我,立纲对她说，在香港科技大学，待他最好的是孔宪铎。她说完了就哭，我听完了也哭。

再者，就是知名度很高的哈佛才子丁学良教授，他总是对朋友说，我是他的"亦师，亦友，亦长"，还在《什么是世界一流大学？》一书的献词中写道："谨以此书纪念两段难忘的岁月。"其中一段是"与现已荣休的孔宪铎先生在香港科技大学共事的那几年"。

林毅夫夫人陈云英女士对我说的话，杨祥发教授写给我的信，张立纲教授夫人张象容女士告诉我的话，以及丁学良教授书上的献词，都使我骤然间觉得，我在"Keep them happy"上，并没有交白卷，他们都很领会，也很快乐。

第二章

负笈问道：象牙塔里师长的启蒙

▲ 作者与台中农学院园艺系主任黄弼臣（左）摄于美国田纳西州。

第二章　负笈问道：象牙塔里师长的启蒙

我写这本书，是受了林毅夫夫人陈云英女士一句话的提示和鼓励。没有她的善意和爱心，就没有这本书。

这一章写的是"象牙塔里师长的启蒙"。顾名思义，我能够做到"Keep them happy"，也即"以人为本"，是从中外大学里领会和感受到的。在这以前，我没有读完中小学，读中小学的大半年纪，我都花在上海炒货店里做学徒和在香港纱厂里做小工。做学徒连报酬都没有，做纱厂小工，也是廉价小工，不被雇主当人看待，根本感受不到"以人为本"的精神。要讲有接近于"以人为本"概念的感受和待遇，倒是要从我八岁在家乡读小学一年级上学期时说起。因为我的成绩是甲等第一名，全校最好，老师们对我另眼相看，让我受的都是"礼遇"。再者，就是十一岁在上海读小学三年级上学期时，一位女级任陈老师，特别宠爱我，重视我，又重用我，让我代表班上去参加所有的比赛，包括国文、数学甚至毛笔字，因为我是班上的第一名。现在静静地想一想，我在小学一年级和三年级之受人礼遇和善待，不是对我的人，而是对我的成绩，这恐怕有点难说是"以人为本"罢。

到了1954年，我已经是19岁了，也已经在香港九龙青山道上的香港纱厂做了四年多的小工。这一年，正好碰上台湾的大专院校第一次联合招生，是第一次把招生的范围从台湾扩展到香港和澳门。我即把握了这个机会报考，幸而考上在台中的农学院，于是就在当年9月底乘轮船赴台报到。因为我在十三岁时就由于内战与家人失散，到了台湾成了"只身在台"，无亲无故，生活无着。幸而申请到"大陆救济总会"的贫寒奖学金，每月新台币93元，相当于当时台湾各大专院校学生食堂每月的伙食费，每日三元。"食"的问题解决了，但是每年的学杂费、住宿费和零用钱仍然无着，唯一的办法是向学校的训导处申请免缴，这是要由院长批准的。

我去拜见院长王志鹄博士（图23）并陈情，王院长听完了我的口头陈情和看完由训导处转呈的报告之后，把我视同1949年由大陆转去台湾的流亡学生，所以批准了。因为我在当时是唯一的一位无亲无故、无依无靠的来自香港的学生，王院长把我的情况记在心中，日后不时地问及我的情况，并表示关注。每当学校有新的工程启动而需人监工时，王院长总不忘把我叫去，

图23 1958年夏作者毕业于台湾台中农学院（今中兴大学前身）时与王志鹄院长（右）合影。

询问我能否胜任，以增加补贴。对王院长这一切爱心的照顾，我无限感激，并适时向他报告近况，也努力向学，成绩很好，并热心参加课外活动。因此，王院长常常在不同的由我主持的社团活动中看到我的工作和成绩。他非常高兴，我也因为没有让他失望而自豪。在我四年的大学生涯中，王院长对我的关心和照顾，让我能无后顾之忧地完成学业。不仅如此，在我毕业后，他为我安排留校担任助教之事还大费一番周折。他向园艺系和农教系推荐我被拒之后，就在院里保留了一个助教名额给我，我成为一名前所未有的院聘助教。王院长为了一个无亲无故的清寒学生如此尽心尽力，甚至动用了院长之权威，令我无限感激，终身难忘。对我来讲，是这一种难得的课外教育，助我成长，教我乐于助人。

王院长是江苏崇明岛人，获意大利的博士学位，

到台湾之前曾在陕西武功农学院任教授。迁到台湾之后，人浮于事，工作难求，先在宜兰任农校校长，到1954年，才继杨良恭院长之后，担任台中农学院院长。他对我的提携、爱护，奠定了日后我从事研究和高教工作的基础。他向我所展示的"以人为本"的精神，令我深受教导，深为感动。他是第一个在象牙塔里以身作则教育我的人。

在农学院的四年求学生涯中，还有一位对我如同家长一样关爱的老师——黄弻臣教授（图24）。黄老师是园艺系主任，也是我毕业论文的指导教授。他在年高92岁时仙逝。我曾在台湾的《传记文学》上登过一篇《我的恩师：悼念我的恩师黄弻臣教授》。我写道：

"黄老师是我的恩师，从前不知道恩师的出处是什么，现在只是觉得用在这里是

图24　作者与台中农学院园艺系主任黄弻臣（左）摄于美国田纳西州。

最恰当。对我，他已远远超过了一个老师对学生的范畴；对我，他比我任何一位长辈都亲近。他知道我的长处，他也知道我的短处。他总是鼓励我发挥长处，很少在意我的短处。在课堂上，我们听他的言教；在生活上，我们学他的身教。"

"他是我的老师，他教我学习；他也是我的家长，他教我成长。我从他身上学到的比他自己的子女学到的还多。"

"黄老师是湖南湘潭人，但是一点都没有那股子湖

南脾气。他出生在 1908 年，几乎是一个世纪以前，可是他的心胸非常开放，一直是走在时代的尖端。也许是由于出身寒微，又是农家子弟，所以他养成了一股'温良恭俭让'的气质。"

"也许是因为我对老师所授各课兴趣很高，成绩很好，引起了他对我的特别爱护与照顾。记得有一次到黄老师家吃饭，他的长子力夫说：'孔哥哥，我爸爸在改卷子时，只要看到孔宪铎三个字就打 90 分。'当时我真不知道该如何回答，心中却是苦乐参半。其实，我对每一门课都很努力，我在读吴春科教授的经济学时，有一次期中考试考了满分。读詹树三老师教的昆虫学，也考到 99 分，可是都没有引起他们像黄老师对我一样的关注。"

"说到在黄老师家中做客吃饭，这里也有一段他也许不觉得特别，却使我终生无限感动，又终生难以忘怀的故事……老师知道我是只身在台的流亡学生，无亲无故，生活全靠救济金维持，在学生食堂里，吃得当然不好，营养更是不足，这些他都了如指掌。因此，他不仅是逢年过节邀我回家做客吃饭，即使在平时，假使家中有什么好吃的，他总是说：'孔宪铎，今天家里加菜，跟我回家吃饭。'"

"那时候的所谓加菜，也不过是多了一盘'番茄炒蛋'而已。在我毕业前后……他更换了方式约我回家吃饭。他不再直接带我回家，只是告诉我：'今晚六时开饭，有好吃的。'我也从不爽约地依时到达。因此，他女儿力平和儿子力夫总是说：'孔哥哥的鼻子真尖，家里每有好吃的东西，他都闻得到。'天呀！不是我的鼻子尖，而是老师的心肠好，直到今天，我都没有把这件看来是人为巧合的秘密说穿。"

"黄老师又不断地千方百计鼓励我，并不止一次对我说：'你将来一定会做教育部长。'这对一个孤苦伶仃的流亡学生是多么大的鼓励，况且他的语气又是那么的认真与亲切。"

黄老师因鼻子发炎，久医不愈，据称有患鼻癌的征象，需要到台北检查治疗。经过家庭会议之后，决定由我陪他北上检查。在台北，他嘱另一位跟他做毕业论文的学生傅静珍与我一同来照顾他，所以，我俩又在他的安排下，天天按时在他病房见面。检查结果是他服用抗生素太多，应当马上停止，马上出院。所以在台北，他的病不治而愈。而我和傅静珍，因为他精心的设计，也重修旧好。自此之后，我俩相继出国留学，结婚成家（图25），生儿育女，现在结婚已近五十载。女儿已在加州悬壶济世，大儿子也在加州主管电脑工作，幼子修完博士学位后，再去习医。各有所长，又各奔前程（图26）。是黄老师，在我没有家的时候，带给我家的温暖，也是黄老师，在我需要成家的时候，帮我成了一个温暖的家。

图25　作者于1964年9月5日在加拿大基辅市与同班同学傅静珍小姐结婚。新娘的礼服由她自己制作。

图 26　作者的全家福。(右起) 女儿孔庆龄夫妇, 幼子孔庆安, 长子孔庆德夫妇, 作者夫妇 (2008)。

黄老师移民美国之后, 我曾去田纳西探望过他。晚上玩了点小麻将。次日归去时, 他坚持要送到机场。在候机室里, 看到他依依不舍的神态, 我心里是又感激, 又酸痛。我自来香港科大之后, 他也曾来校小住, 他总是比任何人对我都有信心。可是我总觉得让他失望了, 只是做了大学校长, 而没有当上他所期望的"教育部长", 总是觉得惭愧, 对不起这位恩师。

王院长和黄老师, 不但是我的师长, 也是我的家长。他们不但教育了我, 也激励了我, 感动了我。他们给我的不仅仅是知识, 更可贵的是尊严, 做人的尊严。从他们两位的身教上, 我初次体会到"以人为本"的滋味, 也初次学到了什么是"人", 为什么在教育上要体现"以人为本", 这些都十分具有教育意义。我默默地学着, 也默默地做着。

我从东方的象牙塔里, 带着"以人为本"的体验走进了西方的象牙塔。我在 1958 年初夏毕业于台中农学院 (中兴大学的前身) 园艺系, 经由王志鹄院长的安排留院,为植物系所开的普通植物学担任助教。后台中农学院和台北的法商学院合并成为中兴大学,我亦转至植物系任助教,仍负责普通植物学实习的课程。

经历兵役后,从返校的那天开始,我就立志加紧学习英文,准备出国留学。因为自己是只身在台,无亲无故,拿不到留美的签证,于是退而求其次,选定了加拿大。加拿大的安大略农学院(Ontario Agricultural College)〔现基辅大学(University of Guelph)〕植物系有学长周丕寿的鼎力帮忙,我申请去该校园艺系攻读硕士学位,凭着一份很好的成绩单,拿到了全额奖学金。

因为我在大学任助教两年以上,不必参加留学考试,就在1962年春申请赴加留学。首次体检不合格,延误了9月秋季入学的行程。三个月之后,经过体格复验合格,到台北淡水英国领事馆申请签证,所需的2400元美金保证金,也从诸多好友处凑齐。拿到签证之后,即乘英国BOAC的班机于12月27日飞抵香港。两日后,飞往日本,置了冬装,即在10月30日飞往美国的旧金山。过夜后,在31日飞往加拿大的多伦多。由于风雪太大,延至1963年1月1日凌晨3时才到达多伦多国际机场。学长周丕寿和园艺系主任Dr. Hilton(图27)按原定时间在1962年12月31日晚上10时即到机场接我。那时多伦多的国际机场10时以后连一家开业的咖啡馆都没有。因我误点五小时,Dr. Hilton开车半小时回家喝了杯热咖啡,又再回机场接我,令我非常感动。不仅如此,我们从飞机场到基辅住处,要经过大学的校园,在三更半夜的大雪天,Dr. Hilton还兴趣盎然地开车围了校园转了一圈,并指出哪座房屋是我未来指导教授Teskey的家,哪一座大楼是园艺系,等等,热心接待,无微不至,至今仍令我心存感激。

图 27　1965 年作者在加拿大基辅大学获得硕士学位后与系主任 Dr. Hilton（右二）和内人傅静珍（右一）合影。

　　Dr. Hilton 是一位园艺专家，他原本在加拿大西北部的阿尔伯特大学（University of Alberta）的园艺系任教，在我到基辅的五六年之前，他从阿尔伯特省的埃德蒙顿市迁来基辅的安大略农学院（现基辅大学）（图 28）担任系主任，并把园艺系办得有声有色。他的个头很大，在东方来的我眼中格外威猛。其实，他很仁慈，尤其是对国外来的研究生，在经济上和课业上都很关心，也很照顾。因为我来晚了，我的那份奖学金已经授予他人。他知道我来自经济不发达的地区，可能囊中羞涩，所以自我到系中报到之后，他就给了我一份有偿的工作：每天晚上从 7 点到 10 点，在系里的图书馆坐上三个小时，名之曰"图书馆员"。实际上，在寒冷的冬天，图书馆的藏书又少，很少有人来图书馆看书，更没有人借书。每周五天，月给 60 元。钱虽少，但东西便宜。我们常买的鸡脖子，只要两角九分钱就可以买五磅。我们到那家肉店买久了，好心的加拿大人知道我们是中国的穷学生，见我们四人一到店中，就拿出一袋子准备好的鸡肉，也只收取二角九分钱。人心都是善良的，不管是东方人，还是西方人。

图 28　作者与内人傅静珍于 1992 年重返母校基辅大学。

Dr. Hilton 不但关心和照顾我们的生活，也很关心和照顾我们的学业。在园艺系的外国研究生，因为要做田间实验，所以都要修"生物统计"这一门课。教这门课的 Ashton 教授，特别严格，每年都有很多人不及格，必须重修。Hilton 一方面事先要求我们要努力，另一方面，他又去和 Ashton 教授沟通，了解问题出在什么地方，以求改正。很少有系主任是这么关心和照顾外国留学生的。而且，他为学生做的事情，绝不仅限于此，我只是举出一个例子来而已。

他也很有爱心。有一天，我去他办公室，为我的女友傅静珍申请入学许可和奖学金，他一口就答应了。女友来了之后不久，我们就结婚了，他和夫人都来参加了我们的婚礼。他常常赞美我太太是一位美人，后来还请我们到他家晚餐，很热情地招待我们。他也常请系里的外国留学生到他家做客，总是很热诚地招待大家。平时，他对我们都很亲切，没有一点架子，更没有表现出任何优越感,大家都很喜欢他。他待学生的以身作则,对我们的影响很大。我在马里兰大学也常常在逢年过节的日子,请我的学生和系里的外国研究生到家里会餐。一次是7月4日,美国的国庆,由我来烤肉;另一次是感恩节,由太太烤火鸡。每次大家相聚都很高兴。在这一方面,Dr. Hilton 对我的启示很深,让我至今仍然念念不忘。他是我离开中国后见到的第一位西方学者。他的身上充满"以人为本"的作风,令我肃然起敬。

1965年夏,我在基辅大学获硕士学位之后,转入多伦多大学修读博士学位,我的论文导师是 Dr. John Williams(图29)。他刚刚从英国的伦敦大学(London University)帝国学院(Imperial College)毕业,比我年轻两三岁。他的博士论文是研究蚕豆叶绿体的DNA,他嘱我继续并延伸他的论文。他教育研究生的方法与美国教授不同,把自己的论文给我之后,要我自己摸索进行,他几乎是再也不问不闻了。对我而言,

图29　作者全家于1996年春重返母校多伦多大学。(前排右起)Dr. D. Wood, Dr. M. Moscarello, 作者, Dr. J. Williams 夫妇。(后排右起)孔庆龄,孔庆德,孔庆安,傅静珍,李成芳,唐一山。

开头很难，但却训练并养成了我独挑大梁和独立作战的能力，这对我以后的工作非常重要。

我非常努力，一边是做实验，一边是读参考文献。第一年很辛苦，也走了很多弯路。一年之后，我到处去学到了一些新的技术，也增长了很多新的知识，他很满意地支持我的计划和我的思路。再过了一年半之后，我终于将论文所需要做的实验日夜加班做完了。令我万万没有想到的是，我博士论文委员会的成员之一 Dr. N. P. Badenhuizen，也就是当时我们植物系的系主任却不认同。我用化学和物理的方法分析蚕豆叶绿体 DNA 所得到的结果，与以前名校名教授所发表的结果不一致，系主任就一口咬定是我错了，不能接受，更不能授予博士学位。Dr. John Williams 一直站在我这一边，全力支持我并与系主任抗衡，我又做了多次的实验，也请了多位外校的专家介入，他们都支持我的结果。于是我的导师就特别额外请了多位外校、外系的教授参加我的论文指导委员会。不出所料，1968 年 10 月 29 日上午 9 时口试时，Dr. Badenhuizen 一开始就大加批评我的结果。不多久，我的口试就变成了九位口试委员的争论会。八位校内校外、系内系外的委员们都为我辩护，结果是通过了，可真是来之不易！以后的事实证明，我做出来的结果是正确的，在我之前，由多位名校名教授所发表的结果都欠准确。Dr. J. Williams 在每次为我写推荐信时都提及这件事，他总写道："事实上，他早先发表的论文证明，很多名家的结果是不正确的。"此外，他也不忘提及："孔是近年来系里最好的毕业生之一。"他在 1981 年升为多伦多大学植物系的主任，马上就选聘我为教授，打破了植物系不聘毕业生回系任教的教条。那时，我因为已在马里兰大学生物系担任系主任，而未回多伦多大学就任。2002 年，他已退休，我去多伦多他家中看望他，他很和气地对我说："在学术上你比我高明。"我受宠若惊，他真是一个有大将心胸的人。

Dr. J. Williams 对我的教导、支持、鼓励和推崇表明，多年来他遵守着"以人为本"的原则，我不仅仅是他的学生，也是他的朋友。

　　1968 到 1970 年，我先在多伦多大学的儿童医院做了两年的博士后，老板是 Dr. M. Moscarello（图 29），他也是一位待人不违"以人为本"精神的长者。他获有多伦多大学生化博士学位和 MD（医学）学位，对人和善、幽默、亲切，对我又是多有照顾，几乎是无微不至。他常常鼓励我的话是："在学术界，你发表的论文有多少，你的学术财富就有多少。"从他那里，我学到了发表文章的重要性，也学会了很多有用的生化和物理分析技术，这在以后从事科研工作上非常有帮助。有一次，我使用一台很贵重的超速离心机，使它在运转中损坏了，系主任大发雷霆，但其实这不完全是我之错，我是依照使用说明书操作的，是说明书上引用的文献错了。Dr. Moscarello 知道我的心情和处境，下班时特别开车送我回家，在路上对我说："这不是世界末日。"那个周末他还请我和他的挚友 Dr. Wood（图 29）一同到枫叶花园（Maple Leaf Garden）去看曲棍球比赛，可算是用心良苦。我很心领他对我的处处关照，他不但是照顾我这个人，还特别照顾到我为人的尊严，让我深为感念。

　　1971 年的情人节（2 月 14 日），我们全家三口从多伦多移民到美国，我去加州洛杉矶大学（UCLA）植物系 Dr. S. Wildman（图 30）的实验室报到，正式开始了第二个博士后的研究工作。到了 Dr. Wildman 的实验室之后，我真是庆幸自己选对了地方，他不但是一位名师，也是强将，更有创见，从不随波逐流。他手下的人马，没有一个弱兵，都是高徒。在我抵埠的前前后后，他带出了很多高徒，与我同时共事的，就有多位曾经走红的大师，如国际知名的艾滋病专家、来自香港的 F. Wong-Staal 和现任剑桥大学讲座教授的 J. Gray（图 31）。我和 Gray 一起在《科学》（*Sci-*

图 30　作者夫妇于 1984 年去加州洛杉矶拜访业师 Dr. Wildman 夫妇（中间两位），右为作者夫妇，左二人为孔庆龄和孔庆德。（照片系孔庆安所摄）

图 31　1998 年 10 月，昔日在 UCLA 的合作者 J. Gray 夫妇（右一、右二）从英国剑桥大学前来香港科大看我们，摄于香港山顶（1998）。

ence)和《自然》(Nature)上同老板发表过重要的论文。Gray是一位来自英国的出色的植物生化和生理专家。所以，在这种环境之下，你不能不往上爬，即使你爬不上去，你也不会沉沦，因为你至少会增加往上爬的意志和对能够爬上去的人的敬重。

凭着自己的努力，加上一点运气，我从研究题目的选择、实验方法的应用、结果的分析和推论，一直到杂志的选择和文章的发表，样样都很顺利。在我的记忆中，没有一篇投出的稿件曾被打回票。在这期间，在业师Wildman教授的指点和鼓励下，我读的专著最多，看的参考文献最广，思考的问题最彻底，发表的论文不但多，而且都是重量级的。当然，花在实验上的时间也很多，几乎每个周末我都在实验室工作。其他的同事亦然，大家都很努力。在我初到的半年内，有两个周末我比其他同事到实验室的时间早，正巧Wildman教授临时有事来到实验室，看到我一个人在工作，就认定了我是最勤快和最敬业的人。其实，这半年内的两次，都是巧合。

这是一间颇具国际水准的、声望很高的实验室，同事们可以说是来自五湖四海。有的来自澳大利亚，有的来自日本，有的来自泰国，有的来自中国香港，有的来自中国台湾，有的来自以色列，美国人反而成了少数民族。能来到这间实验室的人，都要经过Wildman教授的精选细挑。美国真是一个集世界大成的熔炉。Wildman教授待我格外优厚，超过了任何"以人为本"的定义或标准。不但如此，他更是非常器重我，很例外地邀我在他所授的课程中代他讲课，让我很自觉地格外努力，处处不使他失望，事事让他满意。在他实验室的四年中，我奠定了在研究植物分子生物学方面的良好、扎实的基础，在研究方面的思路和构想开阔通达了很多，并且开始作出较有分量的贡献，发表了一系列有创见的论文。在植物光合作用中二磷酸核酮糖羧酶/加氧酶(Rubisco)研究上的收获和创新，使我走在这个领域的尖端。有位 McGill 大学的教授说："孔在叶绿体遗传的研究上,世界领先。"在 UCLA 的四年是我从事学术研究最重要的四年,不但打好了基础,而且开始出击。Wildman 非常鼓励我参加各项学术讨论会并发表论文,所以在 UCLA 的四年,到各处作报告的机会非常之多,渐渐就在这个领域中建立了相当的知名度,只是当时还不觉得。那时各地寄来的邀请信很多,有的请作报告,有的请写论文,甚有应接不暇之感,这对我日后谋职有很大的帮助。

在 Wildman 的心目中,我不但敬业,而且是一块做科研的好料子。有一次,我申请纽约州的劳伦斯大学(Lawrance University)职位,因为那不是一所研究性的大学,他连介绍信都没有写。可是在我申请研究性的大学时,他都鼎力推荐。为了证明我有独立从事研究的能力,他常常在推荐信中说,我和他共同署名发表的文章,都是我的见解和创意,成绩都是属于我的。在 1976 年,也就是我离开 UCLA 两年以后,《科学》杂志在 2 月份一期登出的首篇论文是我一个人署名的。为此,他还在一次的推荐信中特别提出,《科学》上的文章与他无关。他在支持和鼓励后进上面,费心不少。

我在国内的大学里和在国外的研究院里,都受到了"以人为本"文化的熏陶和感动,这一点非常重要,不但使我此后也学着用"以人为本"的信念去对待我的研究生,更重要的是,"以人为本"成了他们所受教育的一部分,而能一代一代地相传下去。我的研究生在"以人为本"的作为上,也都表现得很好。

第三章

耳濡目染： 象牙塔文化的熏陶

▲ （由右至左）作者，UMCP Provost Dr. L. Vanderhoef，浙江农业大学校长朱祖祥（1982）。

第三章 耳濡目染：象牙塔文化的熏陶

1974年9月30日，我离开了工作四年之久的UCLA，乘夜班飞机横跨美国大陆，由西海岸移往东海岸。从加州的洛杉矶飞到马里兰州的巴尔的摩，已经是10月1日的早晨。安定之后，即去马里兰大学巴尔的摩县分校（University of Maryland Baltimore County）（UMBC）报到。我第一个要见的人，是生物系的系主任马丁（Dr. Martin Schwartz）（图32）。他成了我在西方象牙塔里第一位职业上的顶头上司，他也是在马里兰大学第一位用心栽培我的人。我在马大的学术生涯有二十多年之久，栽培我的上司有五六位，但一切都从他开始。

图32 作者在UMBC的老板们。右起：校长J. Dorsey，系主任Dr. Martin Schwartz，副校长S. Giffen（1984）。

直到今天我还记得很清楚，我和马丁第一次见面是1974年的3月13日，地点就是UMBC的生物系办公室。那时，他是系主任，我是一位申请教职的应征者。这一天是我应邀作专题报告，讲得还算满意，内容前沿。从系主任的表情言谈上看，我觉得他很满意。他告诉我：很欣赏我的工作和我的报告。晚上同进晚餐，相聚甚欢。他们很快就选中了我。记得是在4月1

日的早上,我在 UCLA 的实验室中,接到了系主任马丁的长途电话。他很高兴地对我说:"我们已经一致决定,聘请你,年薪一万四千元。"我半开玩笑地说:"马丁,今天是愚人节,你知道吗?"只听到对方呵呵大笑的声音。接着我们就谈正事。他怕我不能即刻答应,又把年薪提高了一些。我可以感觉得到,马丁希望我能当场答应,所以我们很快就定案了。一周之后,我接到正式聘书,并决定10月1日上任。

到了 UMBC 后,马丁和我一见如故,很投机,也很谈得来。是"酒逢知己千杯少"的朋友还是"话不投机半句多"的人,你第一次见面就会有这种感觉。

到任之后,我日夜努力不懈,白天、晚上、夜里、周末,连假日都在系里工作。马丁的系主任办公室出来不远就是我的办公室,从来没有一次他找我找不到,或者看不到我办公室的灯光,或者我不在工作。很快的,他就知道我非常敬业。有一次,他来我办公室,并问我在写什么,这样的专心。我回答说:是把近年来发表的有前沿性的论文整理成一篇综述,投到《科学》杂志上发表。他听到十分高兴,并且说:你的论文都很有分量,《科学》杂志一定会刊登的,必要的话,我会替你润色英文。我很感谢他的鼓励,也很高兴他幸而言中,这篇长达六页(429—434),共超过8000字的论述,刊登在1976年2月6日第191卷、4226期《科学》杂志的首篇,其重要性和前沿性由此可知。这篇文章曾风行一时,为当时几所大学研究生必读的参考文献。马丁更是比我还兴奋,常常拿出这篇文章向客人夸耀。我常见他手里拿着这期《科学》杂志,到处为我宣传,因为在整个 UMBC 这个分校校区,我是唯一有登在《科学》杂志首篇的作者。另有一篇重要的论文,是登在1977年的《植物生理学年鉴》上。我的专长是"高等植物叶绿体基因组的表达",这是当年植物生理学领域的编委们所挑选的20个具有前沿性的研究题目之一,能被邀请主笔，我非常荣幸，花了半年多的时间去完成。这是我在学术生涯中用英文发表的最长的一篇论文，有 23000 多字，印出来有 37 页之多，引用了 252 篇参考文献。众所周知，《科学》杂志是科学界龙头，而《植物生理学年鉴》也是这个行业的龙头。这两篇论文在我学术生涯的初期为我树立了世界领先的地位，这就是我的系主任以我为荣的原因。马丁在大力地宣扬生物系，我就大力地在系里做出可供他宣传的成果。

在教书这一方面，我更是努力。在开学之初，我曾用录音机把我要讲的课录下，自己听听在英文上有没有要改正之处。这样试了几次之后，就停了。当时我用的录音机是向马丁借的，可是在还给马丁的时候，我忘了把录音带洗掉。马丁用时，听到我备课的录音，非常感动，认为我最敬业，对我更是爱护有加。

马丁惜才如命，对日夜努力不懈、有研究经费、有研究论文的人才，爱惜有加。相反的，假使你是一汪死水，他会施加压力。有一年，我没有争取到美国国家科学基金会的研究经费，他在电话里大声地对我说："你怎么连研究经费都拿不到！"他的话，令我相当难过。当天晚上他又打电话到我家里说："宪铎，我爱你，但不要告诉你太太。"马丁也有这样柔情幽默的一面，粗中有细，我很感动，也很心领他这种"以人为本"的作风。

他时时刻刻、随时随地为我在 UMBC 做出的成果作宣传。以前有人对我说过，我不相信，直到有一天，我正巧站在他办公室外面等人，忽然间，听到他正在办公室里向一位来访者介绍我，天花乱坠地对我作了一番描述，使我自己都红了半边脸。人生难得有这样的知己。"以人为本"的老板，天下难找。

我以后亦知道了分校校长以及总校校长对我的诸多器重，都是源自他的鼓吹，没有他，校长们是不会知道我的。

1979年，我申请提前升级未通过，赌气离开UMBC。马丁多次劝我、留我都未成功。我写了辞呈，转职美国农业部工作。为了替我留条后路，他把我的辞呈改为请假，希望我半年之后归队。有一天，他对我说："你在处理别人的事上头脑非常清醒，可一旦轮到你自己身上就糊涂了。"马丁说得对，我去美国农业部工作了不到半年就又回到系里了，要谢谢他为我想的和做的都很周到，这是他"以人为本"作风的最佳注脚。马丁知道什么适合我，什么不适合我，他更知道我擅长什么和喜欢什么，他的决定是依据这些因子和站在我的立场构成的。他知道UMBC对我来说比农业部适合。他是对的。可是他这么深入地为我考虑，不是没有风险，后来就有人说他不公平，尤其是对我太偏心，可他还是那样做了。今天我在此执笔记下这段故事时，内心感触很深，感动更深。

图33 中国植物学界的"祖师爷们"在改革开放之初于北京宴请作者时合影。（右起）安锡培，崔征院士，朱祖祥院士，殷宏章院士，娄成后院士，娄师母，汤佩松院士，汤师母，谈家桢院士，作者，匡廷云院士（1981）。

马丁是犹太后裔的美国人，1925 年生在麻省，霍普金斯大学生物系毕业，随后去了威斯康星大学，获得博士学位，读的是植物。在系里他认识了一位中国同学崔征（图 33），那就是在 20 世纪 80 年代担任过天津南开大学植物分子研究所所长的崔征院士。由于这层关系，他对中国人有一种亲切感。我是中国人，他一见我就很亲切。

马丁曾在宾州大学教过书，又转去巴尔的摩一所称为 RIAS 的研究机构从事光合作用的研究。1969 年来 UMBC，担任生物系的主任。他一心要把这个起初以教学为主的校区转化成为一个以研究为主的校区。他先把系里九位教员中六位只教书的人解职，从头重建生物系。他很有雄心壮志，到处招兵买马，把生物系办得有声有色。到 1974 年，教授已从 3 位增加到了 14 位，我算是第 15 位。前面那些新人，都是出自名校，个个年轻力壮，上进有为，于是 UMBC 的生物系生气勃勃，成为全校的名系。我就是在这种背景下，参加了生物系，系主任对我寄予厚望，加倍地关心。

马丁在督促年轻人科研猛进方面，到了爱才如命、嫉懒如仇的地步。他没有想到的是，他的这种做法，既是他成功的基石，也成了他失败的主因。在系里，研究有成的人支持他，在研究上挣扎的人反对他。一个系分成两派，灾难就来了。我从头到尾一直支持他。在这样的情况下，马丁不知道如何处理，他不是一位政治家，在他连任要经过选举时，有几位反对他他都不知道。我告诉他，这次投票会有七张反对票，他说不会这么多。我不幸而言中，支持他的虽仍有十一票，可是不到三分之二。为了保持颜面，我请求校方不要坚持要有三分之二票数当选的原则，让马丁当选。我亦去劝说马丁只做一年下台。即使另外请人，亦要一年的时间，大家接受了我的折中办法。

马丁做了 13 年的系主任之后，在 1982 年交差了，谁都没有想到的是，继任者是我。我是在一个暑假中由 14 位在校同事参加的系务会议上，以 12 票对 2 票当选的。那两位同事不服气，其中一位大牌教授对院长说当系主任的应该是他，不是我。

为了团结系里的同事并共同努力把学系办好，我首先邀请全系的每一位同事到家里晚餐。为壮行色，我更邀请了 UMBC 的校长（图 34）、副校长和院长一同参加，他们从上到下都到了。更难得的是，连总校校长 Dr. J. S. Toll 和夫人（图 35）亦到了。Toll 和 Dorsey 殷殷地鼓励大家同心协力，把这个在马大的生命科学领域最好的生物系办得更好。Toll 还说，若有分校校区解决不了的问题，他会尽力帮助，并特别为我打气。这无疑是一个好的开始。我既已接受了这项挑战，只有全力以赴。

图 34　在家里举行的团结餐会上，UMBC 的校长 Dr. J. Dorsey 致词，前方中间带笑的是副校长 Dr. W. Jones (1982)。

图 35　马大的总校长 Dr. J. Toll 也和夫人一同驾临并致词，鼓励大家团结一致，把这个很出色的生物系办得更上一层楼。

这次家中的餐会以后，我还邀约了每位同事，分别单独交谈，特别选了一家好的中国餐馆。我对每位同事说：生物系是大家的系，生物系的前途是大家的前途，系的命运和今后我们的命运都握在我们自己的手里。我已为此献出了我的时间和精力，希望大家能和我一样，为了系的发展和我们工作环境的改善贡献出一份力量。没有一个人反对我的着眼处和建议，有一位同事还开玩笑地说："除了我太太之外，谁都没有问题。"这是一个题外的插曲。

我在每天早上开车上班的途中，不断地自我提醒：我做系主任，要本着"以人为本"的原则，我是系里每个同事的系主任，不是我自己的系主任；每做一件事，都要以全体同事为对象，都要为全体同事着想；不能有私心，更不能报私仇，昔日给我小鞋穿的同事，我也要对他一视同仁。那位不认为我该是系主任的同事，一直对我不友善，一直以大牌教授自居，又很不服气，后来更是明目张胆地拒绝担任系里任何委员会的职位。我实在是忍无可忍,一天早上,我约他到办公室恳谈,我说:"Tom,假使我告诉你我喜欢你,我是在说谎,因为我压根儿就不喜欢你。但是,当我告诉你,你是我们系里的成员,一位很优秀的成员,我这个系主任对系里的同事,一视同仁,这是事实,你应该相信。你和我一样,都不享有任何特权。"此后,我们心平气和地以同事相处,没生积怨。到了年底,评价成绩的时候,他的科研甲等,我以甲等成绩奖励他。待我任期期满的时候,系里的同事中,是他主动地在家里为我开了一个给我惊喜的欢送会,我事前一无所知。这样的欢送会,由他在家里主办,对我来说真是一个双料的惊喜。我不禁给了他一个从来没有过的拥抱。人是会被感动的,我做到了"以人为本",用这种精神感动了他。

多年来,我们各奔前程,各自退休。大概是在五六年前,现任 UMBC 校长 Dr. Freeman Hrabowskii(图 36)邀请大家参加一个茶话会,我在会上遇到了他。他在我和内人面前说:"我从来没有看到一个人,

图 36 UMBC 的新任校长 Dr. Freeman Hrabowskii 与夫人(左一、左二)来香港科技大学访问(1995)。

作出像你这么多的贡献。"当时，我真不相信我听到的话。我只想说："Tom，三十多年以前你怎么不说这样的话。"当然，我没有说。连我太太听到他对我的赞美都难以相信。

F. Hrabowskii 校长是一位不同凡响的人物，值得一提。他是非裔后代，担任 UMBC 的校长已逾 25 年。我以为他早就会投笔从政了。他不会是政客，而会是一位卓越的政治家，是一位州长或参议员的好人选。可是他没有走政治这条路。我又曾以为 UMBC 只是他的一块跳板，他应该早就成为一位名校的校长了，可是他也没有。他热爱 UMBC，他决心要把 UMBC 办成一所与众不同的名校，他成功了。UMBC 今天在很多方面名列前茅，甚至包括篮球。在 2009 年，UMBC 被美国的 US News & World Reports 杂志列为发展中的大学榜首，在专注于大学本科教育的学校中和斯坦福一同名列第四。

我们认识是在我离开 UMBC 之前，他担任副校长的时候。大约是在 1985 年左右，他想访问中国，嘱我为他安排行程，我商请由上海复旦大学招待。归来后，他特别来 UMCP 道谢，说他有一个非常满意的中国之行。之后，他又知道我在 UMBI，把这一新的校区办得很出色。我去香港创办科大之后，他们夫妇也应我邀请来访，看到科大的成就，他非常惊喜，归去后，在 UMBC 大为宣传，并特邀我去 UMBC 为主管人员作一场报告。他对我把 UMBI 和香港科大都创办得出色，无限赞扬。2004 年，在 UMBI 为我办的退休晚会上，他特别赶来参加并致词。他是我的好同事和好朋友。

还有一件值得一提的事，在 2004 年 1 月 23 日，我和太太一同开车去 UMBC 探望他，并推荐刚为美国科学院选为海外院士的陈竺院士为 UMBC 荣誉博士学位的候选人。他听完我的报告后，一口答应，并对他的助理说："快去办理，就说这是我推荐的。"很快也很顺利，陈竺院士（图 37）获得了 UMBC 的荣誉博士学位,他也是由我个人推荐而在 UMBC 获得此项荣誉的第三位中国学者,第一位是谈家桢校长(图37),第二位是李国鼎"资政"(图18)。

图37 UMBC 的两位荣誉博士校友谈家桢(前坐者左)和陈竺(后立者右二)以及他们的夫人与作者夫妇合影(2004)。

图38 上海复旦大学校长谢希德(中),系主任 Dr. Martin Schwartz(右)和作者(1985)。

第三章　耳濡目染：象牙塔文化的熏陶

马丁（图 38）用身教和言教向我示范了什么是"以人为本"，我在系主任的位子上体会和施用了第一课，再向前走，第二课是在 UMBC 副院长的位子上体会和施用的。

我在 1982 年坐上系主任的位子，两年以后，又在 1984 年坐上副院长的位子，那时候的院长是 Dr. R. Neiville（图 39）。他是一位地道的"以人为本"的院长，常常为别人着想，颇受教授的爱戴，所以才能在

图 39　作者任 UMBC 副院长时与院长 Dr. R. Neiville（左）合影。

这院长的位置上坐了二十多年。直到 1987 年夏天，他到 UMCP（马里兰大学的校园校区）来看我，突然心脏不适，我即驾车送他到医院。在急诊室前，他心脏病发作倒在地上，我大喊"救命"，救了他一命。出院之后，他辞去院长职务。UMBC 的行政制度很特别，全校有三十多个系，但只有一个院长，他要为生命科学、人文科学、社会科学、教育科学和数理化等不同学科服务，任务复杂而繁重。当时我是他的学术副院长，负责人事的招聘和晋升，因此，花大部分的时间在面试候选人和审阅升等的资料上，久而久之，我在面试上堆积了许多经验，从见到一个人的第一面，和

听到第一句话，就能分辨出来这个人是否可用。同时，审阅面试和升等的资料多了，就可以比较出来，在大学里，申请一个高一级的新职位，要比在同一个学校里申请升等容易多了。为此，我商请院长的同意，调阅了过去五年（1981—1986）升级的记录，证明了我的结论正确。我还和院长依据这个调查的内容和结论共同写了一篇论文，发表在1987年2月北京出版的《科技导报》上。

我在面试候选人和审阅晋升资料方面所写的评语和提的建议，是供院长参考，一切最后定夺之权，全在院长。只有当他对某一件事或某一个人有疑问时，才会和我进一步商量，或要听取我的意见。他常常与我讨论商量。1985年春季的一个下午，大家都下班了，我们办公室所在的那层楼上只剩下我们两个。他匆匆地来到我办公室，问我一件升等的案子。这件案子虽未经我审阅，但我知道这个人。看完这个案子之后，我很礼貌地对院长说："我不赞成你提升他。""为什么？"他问我。"他的行政能力很强，工作也努力，但是他的学术水平不高，升等靠的是学术上的成就。"我回答他说。他沉默了很久。我知道他们有多年的深交，院长又多倚重他的行政能力，所以很难说"不"。但院长要是晋升了他，后遗症一定很大。所以我接着又说："根据学术晋升他为副教授是一个错误的判断。更重要的是，日后别人如何判断你，就是根据你所作的一切判断。"院长说了一声谢谢就走了。院长没有升他。自此之后，他在作重要的人事升迁的决定时，大多征询我的意见。我更是特别小心。因为在大学里发展，有两条不同的路线上升。一条是学术的路线，像是由助理教授升为副教授和由副教授升为正教授。在这条路线上的升迁全靠学术的成就，而且升到副教授这一级，就享有长俸（铁饭碗）。另外一条路线则是行政路线，有的行政副校长都是没有长俸的，他们都是靠着行政能力和专长走上来的，都不具长俸待遇。有长俸的教授,一生都是教授,都有长俸。可是没有任何校长永远是校长,分别就在这里。

我的这位院长,为人的能力比做事的能力强,与学校里上上下下的人,都相处得很好,很有人缘,很忠厚,也很公平。自从这件事情以后,我们成了好朋友,他很信任我的判断力,我也很佩服他那处处"以人为本"的风格。他的这种风格给我的影响很大。

我从1986年7月1日离开UMBC转去马里兰大学主校区(UMCP)报到,换了工作,亦换了顶头上司。离开了旧的上司Dr. R. Neiville, Dean of Art & Sciences in UMBC(UMBC文理学院院长),转职到新的上司Dr. P. Mazzocchii(图40), Head of Chemistry and Biochemistry in UMCP(UMBC化学与生物化学系主任)的门下。事实上,并非如此简单,我是离开了UMBC校区,转职到正在成立中的马里兰大学生物工程研究院(University of Maryland Biotechnology Institute)(UMBI)校区。因为UMBI正在初创时期,尚

图40 中间留有胡须者为我在UMBI初期的老板Dr. P. Mazzocchii。(右起)Mrs. Silsbee, G. Silsbee, Dr. P. Deshong, 内人傅静珍, Dr. P. Mazzocchii, Mrs. Mazzocchii, Dr. D. Nuss, Mrs. Nuss, Mrs. Deshong(2004)。

无固定的办公场所，所以暂借UMCP校区办公。UMBI的真正主人是Dr. R. Colwell（图41），她起初是马里兰大学总部的二把手，她首先聘请到Dr. D. Jackson为新创立的生物工程研究院的代理院长，是Jackson经手，任命我为生物工程研究院六个中心之一的农业生物工程中心（Agricultural Biotechnology）的代理主任，并依照曼菲斯州立大学（Memphis State University）聘我为讲座教授（Endowed Chair）的薪俸计算，使我的年薪比在UMBC的薪俸增加了百分之六十。当他问我讲座教授的待遇时，我据实以告。他连信都没有看，就再问我现在留在马大的待遇应该多少。我说："我不想用讲座教授的薪俸来讲价。"他说："我来调整吧。""谢谢你。"我说。这就是美国大学里的作风，教授也有市价。Jackson给我一封信，言明职位、薪俸和长期聘用等，这就是我的合约，一共不过半张纸。Jackson

图41 作者夫妇在1998年10月中陪着前老板Dr. R. Colwell及其先生（左一、左二）在北京登上长城。

第三章 耳濡目染：象牙塔文化的熏陶

不久就离职他就了，听说是去了一家大公司，Mazzocchii 接任他的职位，就成了我的新上司。像所有的新上司一样，他首先对我细心地观察，我的勤奋工作、有组织能力和周详的计划，赢得了他的信任、支持和友谊。他支持我这个新成立的农业生物工程中心，次年把中心的预算增加了一倍。有一次，他还写了一封短信给我，大意是说，人的一生能有一两位挚友就很难得，我有幸有了三四位，你在其中。我很心领。最让我感念的是，有一个夏天，他知道我家里缺少两个靠墙的书架，量了尺寸之后，和我一起去买了木板材料，然后他花了两天做完，送来放好，至今还在。每次看到书架，我就会想到他。

大约是在 1988 年，Dr. R. Colwell 辞去总校学术副校长之职，专任这个生物工程研究院主任，Mazzocchii 就成了副主任。又一年，UMBI 升等为与其他校区等格的校区，Colwell 也由 Director（主任）升格为 President（校长）。Mazzocchii 也跟着由 Deputy Director（副主任）升格为 Provost（副校长）。Mazzocchii 于 1989 年转任为 UMCP 生命科学院的院长，而辞去 UMBI 的 Provost 职位。Colwell 即任命我为 Provost（副校长），这就是我在履历表上填写曾任副校长的缘由。在这一个案中，很明显的是 Director 和 Deputy Director 搭配在一起，President 和 Provost 搭配在一起。当我的第一把手是校长的时候，我没有理由硬把 Provost 翻译成副院长了。我在香港的一些同事对此有疑虑，其原因在此，特别说明一下。

我和 Mazzocchii 同事虽仅仅四年，但他一直是我的一位好上司，也是一位好朋友。在 2004 年 4 月 21 日 UMBI 为我举办的退休晚会上，他还为我讲了一些溢美之词，谢谢他的好意。就是在那一次晚会上，UMBI 的校长 Hunter-Cevera 颁发给我一张奖励状（图 42）。UMBI 的同事们在我离开 13 年之后，还记得为我办退休晚会，让我万分感动，在此致以深深的谢意。

图42 在2004年4月21日UMBI为我举办的退休晚会上，UMBI的校长J. C. Hunter-Cevera颁发给我的奖励状。

我在UMBI的上司Dr. Rita Colwell是一位很有才能的女士。因为是女士，她获得特有的机遇；也因为是女士，她分外地努力。Rita也是一位很成功的学术行政人才。在学术上，她是美国国家科学院的院士，在行政上，曾任马里兰大学校本部的第二把手——学术副校长（1983年至1988年）。此后又转任新成立的生物工程研究院，也是一个独立校区的校长（1988年至1998年）。就是在她担任这个校长的时候，委任我为她的副手（1989年至1991年）。Rita是一位对我非常赏识的好上司。我第一次见她，是她以学术副校长的身份陪同校董会的董事长Allen Schweit及多位校董莅临我们的UMBC校区视察——马里兰大学当时辖有五个分校。

在这些高层人士来视察的时候，UMBC校方选派我为代表，向他们报告我在研究植物转基因方面的成就。这是在1980年初，植物转基因技术刚刚开始，我是马里兰大学所有校区中研究植物基因技术最早的一个，也是在研究植物分子生物水平上获得经费最高和发表论文最多的一个。再加上我说得头头是道，让他们心花怒放，留下良好又深刻的印象。此后不久（1983年），Rita 为马里兰大学今后在生物技术方面的发展成立了一个专家小组，自任组长并选我为代表生物方面的成员。接着又委派我担任农业生物技术分组的组长。在任期间，我的确为 Rita 和我们的共识打了一场不易但却漂亮的胜仗。Rita 开始加深对我的赏识，从由耳闻进入到眼见。

两年之后（1985年），曼菲斯州立大学聘我去担任名利双丰的讲座教授，在总校长 Dr. J. Toll 的交代下，她出面挽留我，为我在马里兰大学设置了一个相当吸引人的中心和职位，任命我为"农业生物技术中心"代理主任，自主自立，相当高薪。我要求先去曼菲斯再回来就任，她的直言，让我至今仍记忆犹新。她说："无法保证，一年之后不会人事全非。"她只比我大一岁，但经验则比我高出一倍。我同她共事，成为她的下属，升为副手，前前后后有 11 年之久。她交给我的工作，我没有让她失望过，而且我创立的中心，成了其他中心的一个榜样。在我于 1991 年要离开马里兰大学赴港的时候，她尽力挽留。我怕她以为我在讨价还价，因为那时候留学生还没有开始回流，我只好巧妙地说："Rita，我在你的领导下，工作顺利愉快，我的职位和薪俸也仅次于你，在这里实在是一无所求，要一定硬说有的话，只有要求你嫁给我了，可是我们又都是 Happily Married。"她站起来，大笑不止。

Rita Colwell 她能识人也会用人，很多时候，她也会抓住你的心。在她开始主掌 UMBI 的第二年，她就把我的薪俸增加了百分之二十。在没有增加以前，我的薪水已经是六位数字，这在当时已经是相当高的薪水了。她这么大幅度加薪，要经过总校长的批准才行。她很果断，Toll 也信任她。加薪让我非常兴奋，也更加努力地埋头苦干，以报知遇之恩，不负期望。

在我决定去香港科技大学就任创校的理学院院长

时，她写了一封短而有力的信给我，令我至今仍然记忆犹新：

"I accept, with much sadness, your resignation as Acting Provost of UMBI, effective May 31, 1991."

"Words cannot express my deep feelings toward you, personally and professionally. You are a man of integrity and I value your judgement. Along with those qualities, I shall truly miss your sense of humor."（附录二）

从 1954 年到 1962 年，我在台湾中兴大学求学和做助教期间，两位恩师王志鹄院长和黄弼臣教授对一个无亲无故，以前又素不相识的流亡学生，那般充满爱心的照顾，现在回头想想，实在都是源于"以人为本"的精神，再从"以人为本"的精神生发出来的一片人间爱心。我当时年轻无知，不能了解，现在全懂了。不但如此，这"以人为本"精神的感染和感召，毫无疑问地，影响着我的一生。我今天能有这种精神，都是在那时不知不觉中培养出来的。谢谢他们两位，他们感动了我，让我才会同样去感动别人。一切都是起源于他们。是他们的身教，使我常常会对人伸出两只援手。

1962 年冬从亚热带的台湾，到冰天雪地的加拿大求学深造，有幸遇上 Dr. R. Hilton, Dr. J. Williams 和 Dr. M. Moscarello 三位师长以及后来 UCLA 的 Dr. S. Wildman 师长，他们除了传授学问以外，还示范了如何为人、人与人之间最基本相处之道，他们对我的态度或精神不外都是"以人为本"。

到了 UMBC，我不但是继续在体会，而且还在系主任和副院长的职位上发扬了"以人为本"的精神。

从时间上来讲，由 1954 年到 1986 年，在 32 个年头中，我一直都在象牙塔里，也一直沐浴在"以人为本"的校园里，真是"三生有幸"。不知道有多少像我一样的朋友这样想过。更为重要的是，他们从来不把"以人为本"当口号，只是默默地在身体力行。

第四章

理念相通：三位大学校长的激励

▲ 马大前总校长J. Toll赴港探望作者时,参加欢迎他的家宴,大家开怀大笑。(右起)作者,Toll,香港科大吴家玮校长夫人,杨祥发院士(1994)。

第四章 理念相通：三位大学校长的激励

在"以人为本"的精神和作风上，对我影响最大、激励最深，使我立志要学习并实践的是三位大学校长，他们分别是马里兰大学总校校长 Dr. J. S. Toll、UMBC 校长 Dr. J. Dorsey 和加州戴维斯大学（UC Davis）校长 Dr. L. Vanderhoef。他们这三位校长，深深感动了我。我曾对自己说过，如果有一天，我也当上校长，或是有了这个机会，我会像他们一样去做。

到底他们说了些什么，又做了些什么，才让我如此激动呢？

一

1983年的夏季，有一天下午，我正在办公室写论文，忽然听到有人敲门，我就很习惯地说："请进。"没想到，推门进来的竟是身材高大的总校校长 Dr. Toll（图43）。我猛地站起来，有点惊慌失措地叫了一声："Dr. Toll！"他拍着我的肩膀说："Shain Dow，没有别的事，刚刚在这里开完校董会，抽空来看看你。"我受宠若惊。闲聊了一阵之后，我送他出门，遇见系里的同事，他们也都很惊奇。

图43 马大总校长 Dr. J. Toll（右）与作者摄于马大的校园（1989）。

我为什么会对总校校长 Toll 的到访如此受宠若惊？这是因为美国大学里的主管们，尤其是校长们，公事很忙，不容易见得到。一般来讲，系里的教授们即使要见系主任，都要事先预约，见院长要在几天前预约，见校长要在好几天前预约，见总校校长就更难了，要等的时间更长了。

这件事使我终身难忘，在马大，他对我的爱护和提携很多，都很重要，也很难得，但是唯独这件事触动了我心灵的最深处。为什么？我仔细地想了很久，是因为他特地来看我，表示他对我这个人的尊重。世界上没有什么比尊重更可贵、更难得了。其他的事，例如在某些工作上，他重用我，可能是因为我适合这项工作；他提升我，可能是因为我有这方面的能力；他留我在马大，可能是因为我的工作最使他满意。诸如此类的事情很多，他交代我做的事，我从来没有让他失望过。可是他这次能在百忙之中抽空来看我，实在是对我个人的尊重，说明在他心目中有我的存在。我特别感动。

图 44　马大总校校长 Dr. Toll 和夫人 Debbie 在北京中南海。坐于 Dr. Toll 身旁的是他们的女儿（1984）。

第四章 理念相通：三位大学校长的激励

Dr. John Sampson Toll（图 44）是世界知名的教育家和科学家，于 1978 年 4 月 30 日就任马里兰大学总校校长。他生在丹佛，却在马里兰州 Bethesda-Chevy Chase 社区长大，从小就对科学有兴趣，于 1944 年以优异的成绩毕业于耶鲁大学物理系，以后在普林斯顿大学深造，于 1952 年获得硕士和博士学位。

1953 年，29 岁的 Toll 被马里兰大学（UMCP）聘为物理系主任，成为全国最年轻的物理系主任。他能干，能做，能说，他也敢干，敢做，敢说。他日夜不懈地拼命工作，晚上就睡在办公室里。12 年之后，他把本来只有六位教授的物理系，扩张到 70 位，并增添了天文学部。更重要的是，他把马里兰大学的物理系提升到全国排名第 12 位。

在 20 世纪 60 年代，美国的大学大举扩张。1965 年，由于他在马大的成就非凡，他被纽约州立大学石溪（Stoney Brook）分校聘为校长。几年之间，他又把仅有 1700 名学生的校园扩张到 17000 名学生，整整十倍。这不是常人做得到的事，他做到了。他在马里兰做到了，也在纽约做到了。他治校的守则是"以人为本"，他的策略就是"Keep the best people and keep them happy"。

Toll 到了石溪分校之后，依照着"以人为本"的信念，首先把中国人在诺贝尔奖上打破零纪录的杨振宁（图 45）和李政道这两位之一的杨振宁教授请去。他不但对杨教授礼遇非常，也开始热爱中国文化和中国人。

Toll 因为把全部的精神都集中在事业上，所以结婚很晚。据说在主持石溪分校的初期，他一个人住在学校的招待所里。一个冬天，他很早起床，在院子里扫雪，有一位应征教职的青年学者，也住在招待所里，他看见 Toll 在扫雪，就去问他哪里有咖啡，于是 Toll 为他送上一杯并问他还需要什么。这位年轻人，以为他是工友，说了声谢谢。这位年轻人没有想到的是，

图45 杨振宁院士(右二)是我第一本中文书《背水一战》出版酒会的嘉宾,当时出席的还有他的夫人杜致礼(左二)和内人傅静珍(左一)(1997)。

当天下午,面试的最后一个环节是去见校长,当他走进校长室,所见到的校长居然是早上为他送上一杯咖啡、让他以为是工人的 Toll。

1978年春,Toll 又被马里兰州长礼聘回到马里兰,继 Dr. Wilson H. Elkins 之后,接任马里兰大学总校校长。那时,马大有五个分校,分别为 The University of Maryland at Baltimore (UMAB),也就是医学院;University of Maryland Baltimore county (UMBC),那时以文理为主;The University of Maryland College Park (UMCP),是马大主校区;The University of Maryland Eastern Shore (UBES),注重农业;以及 The University of Maryland University College (UMUC),以成人教育为主。此外,还有环境和河湾研究中心以及农业试验和推广中心。

Toll 到任后,即誓言要把马大提升到全国公立大学的前十名。新官上任三把火,他的三把火是,首先,收回各分校对教授升级的批准权,第一年的下马威是,三分之一由各分校推荐升级的各级教授,被他打了回票。于是,后来各个分校推荐升级的人数,就自然地减少了三分之一。这将教授的品质提高了一大截。其次,就是他向州政府——经议会通过——要了一大笔常年经费,用做留人(Retention)之用,以便奖励优秀的教授,免得他们跳槽,这令我受益匪浅。第三,他大力推动国际合作,又正好碰上了中国的改革开放政策和美国的"中国热",马大便开始与中国的大学走得很近。20世纪80年代之初,马大和威斯康星大学的中国留学生和访问学者的人数高居全美之首,这也给了我一个有用武之地的机会。

从这里可以看得出来,Toll治理和提升马大的要务和策略是"Keep the best people and keep them happy"。他做得很有技巧,也很成功,留住了很多杰出的学者。目前,马大蒸蒸日上,当年Toll打下的基础功不可没。

我是在1979年初的一天,在UMBC的图书馆前碰到Dr. Toll的。我趋前自我介绍,并报告复旦大学副校长谈家桢博士曾在年前11月来UMBC参观,住在我家,表示希望能够与UMBC合作,进行学术交流。他听得很有兴趣,当即责成我与复旦大学联络,把结果直接向他汇报。从那时开始,一直到现在,我和Toll都保持着很好的交流关系。

也算是无巧不成书,接着就是由出生在安徽省的杨振宁教授和在马里兰主持高教的Toll校长牵线,安徽省和马里兰州同意结成姐妹省/州。1979年9月28日,安徽省的主政者万里先生率团访问马州,将与州长H. Hughes签约。因为万里先生对马州的农业很有兴趣参观,Toll就责成我陪伴中国来的贵宾。Toll和万里先生结成为好友(图46),我也陪着万里先生和夫人边涛女士(图47),花了三天的时间参观马里兰州东部的农业,并任翻译。在这些天中,我和万里先生及夫人以及Toll校长都建立起了友谊。Toll对我认识得更深了。

图 46　马大总校长 J. Toll 和中国国务院常务副总理万里先生在北京前门（孔宪铎摄，1984）。

图 47　作者在马里兰州陪同万里副总理及夫人边涛女士参观马里兰州的农业，并任翻译（1979）。

　　这次参观也促成万里先生特别指名邀请 Toll 校长随同 Hughes 州长访问安徽省和中国其他地方。
　　我和万里先生、边涛夫人的三位子女万紫、季飞和晓武（图 48）的友谊，也由此开始。

第四章 理念相通：三位大学校长的激励

图 48　（由右至左）万紫，万晓武，万季飞，叶枫，傅静珍，李南辉，谭志明，作者。摄于孔家客厅（1990）。

图 49　（由右至左）UMBC 校长 Dr. J. Dorsey、复旦前副校长谈家桢、马大总校长 Dr. J. Toll 签署上海复旦大学和 UMBC 的合作协议（1981）。

1981年，我有幸被美国国家科学院选为十位访华学者之一，在美国科学院的资助下，于当年8月在上海复旦大学为八十多位来自全国各校的教授们讲植物分子生物学，共40堂课，为时近一个月。课业结束之后，又受Toll校长之盼咐，赴与马里兰结为姐妹州的安徽省参观农学院，随后，又去杭州浙江农业大学参观，以便从中推荐一校与马里兰大学的农学院交流合作。我推荐的是浙江农业大学这所在国内极负盛名的农业大学。两校同意交流合作后，都积极着手操作。

图50 （由右至左）作者，UM-CP Provost Dr. L. Vanderhoef，浙江农业大学校长朱祖祥（1982）。

而当我代表马里兰大学在上海复旦大学授完课之后，很自然的，两校的生物系即同意交流合作。复旦的副校长谈家桢来美，并于1981年9月19日在UMBC，与J. Toll，J. Dorsey（图49）签订协议书。浙农大和马大的农学院也在第二年即1982年，由Toll校长和浙农大校长朱祖祥（图50）签订协议书。照片中的Provost L. Vanderhoef是完成这份协议书的主将。

还记得1981年8月底，我在上海时，将上海复旦大学和杭州的浙农大均希望和马大的UMBC和UMCP签署合作交流协议书之事向Toll报告。他听到报告之后，非常高兴。那时我被安排住在上海的老锦江饭店，一天的半夜，我接到Toll从马里兰打给我的长途电话，祝贺我与复旦大学以及浙农大协商成功，还一再谢谢我的努力和辛勤的工作，因为一切都很顺利，也很迅速。他的这一通电话带给我无限的鼓励和惊喜，我做的都是一位教授分内之事，从来没有想到会引起总校校长对我如此的关心，这使我久久不能入睡。

成功的大学校长，在用人上都有一套，有使人意想不到的绝招，从而从小处让你心悦诚服。他处处都展现出"以人为本"的精神，尊重别人，别人也尊重他。

Toll 在他的任期内，非常热衷于促进中美学术交流，在这方面，我非常努力，也很有成果。除了促成马大和上海的复旦大学、杭州的浙农大签署合作交流的协议书之外，对马大和合肥的中国科技大学的合作，我也出力献策，并在 1983 年的暑假，在中国科大开班两周，讲授生物工程，由 UMBC 生物系的同事 Dr. Paul Lovett 和我的博士生朱雨生主持。

在 UMBC 生物系我的实验室里和在 UMCP 植物系我的实验室里，我指导过近十位来自国内的访问学者，也培育了同样多的硕士和博士研究生。其中最杰出的是冯新华博士，他 2009 年为浙江大学礼聘为特约教授，主持并发展一个生命科学研究所。除了高薪之外，还得到巨额拨款（三亿人民币）支持建筑、仪器和试验室所需，这在中国内地还是少见的。

我前后择优推荐了五位中华民族的精英获得马大不同分校的荣誉博士学位，他们分别是谈家桢校长（图 49，UMBC，1985），何康部长（图 51，UMCP，1987），李国鼎"资政"（图 18，UMBC，1989），万里委员长（图 46，UMCP，1994）（我是多位推荐人之一），以及陈竺部长（图 37，UMBC，2004）。除万里委员长之外，其余四人都是由我个人推荐，都得到 Toll 校长全力支持。

1984 年暑假，万里先生任国务院常务副总理时，邀请 Toll 全家四口访问西藏，我有幸同行。我们一行七人，由教育部两位能干的官员陪同，一位是张宝庆先生，曾任教育部常务副部长，另一位是沈阳先生（图 52）。我们在那里参观游览了十天，我为 Toll 全家

图 51 何康部长访美,孔家设宴欢迎。何部长(右)在客厅和马大总校长 J. Toll(左)亲切交谈(1991)。

在布达拉宫照的相片(图 53)成了他们家当年的圣诞卡。

图 52 在西藏布达拉宫前,Dr. Toll 与作者(前),沈阳(右)和他的女儿合影(1984)。

第四章 理念相通：三位大学校长的激励

图53 作者在西藏布达拉宫内为Dr. Toll一家照的全家福，成了当年Toll家的圣诞卡片（1984）。

我去Toll公馆赴宴的次数很多。万里先生的到访、何康部长接受UMCP的荣誉博士学位、朱祖祥校长的签约、驻美大使的到任，或者是国内政学界的名人到访，我都会向Toll报告。只要他有空，都会设宴招待，也都会邀我参加。在校董会开会期间，Toll也会宴请他们，好几次Toll都邀我参加，每次我都是唯一的教员。

中国驻美的大使们，在那段时期大都到过孔家来做客，如章文晋大使（图54）、柴泽民大使、韩叙大使（图55）、朱启祯大使。每次有大使来时，我都会请Toll和夫人Debbie作陪，让他们认识；他们都很高兴彼此得机相见。章文晋大使任满归国时，在我家中为他送行，马大的校长Dr. J. Toll夫妇，还有美国国家科学院副院长J. Ebert夫妇以及诸多名流都赏光莅临寒舍（图56）。在致欢迎词时，我说："非常欢迎大家

图54 中国驻美大使章文晋(中)和美国科学院副院长 Dr. J. Ebert(右)、孔庆龄(左)(1984)。

图55 中国驻美大使韩叙夫妇(左一、左三)宴请前任大使柴泽民(右二),邀请作者夫妇作陪(1988)。

光临，也非常抱歉家里地方太小……不过，今天晚上总校长在座，多位议员们也在座，他们要想把这房子变大，易如反掌。"大家都哄堂大笑。章大使致答谢词时则说："孔教授嫌房子太小，假使给我的话，我明天就搬进来。"大家鼓掌大笑。Dr. Ebert 两天后寄来一笺短函说："It was a splendid occasion that achieved just the right 'touch' —a happy 'mix' of dignity, warmth, and good hearted fun."（附录三）

图 56 中国驻美大使章文晋任满回国，在孔家为他举行的欢送宴会上。（右起）美国科学院副院长 J. Ebert 夫妇，马大 UMBC 副校长 S. Giffen，章文晋大使，马大总校长 Toll 夫人，马大 UMBC 校长 J. Dorsey（1984）。

1985 年，我受聘为曼菲斯大学讲座教授，薪俸是马大的两倍，颇具吸引力。而且，每每想到在 UMBC 的是是非非、曲曲折折，就有了离开的念头。于是，我签下合同，准备在 1986 的 7 月 1 日走马上任。1986 年初，我向 UMBC 当局上书辞职，Toll 得悉之后，即交代下来"不惜代价地留住他"。他的学术副校长 Rita

Colwell 约我商谈，最后，Toll 又在他办公室约见我。话还没有说，即嘱秘书致电曼菲斯大学校长 Dr. Tom Carpenter。一接通，Toll 就开门见山地说："我是马里兰大学总校长 Johnny Toll。恭喜贵校选中了孔教授，你们很有眼光。马大比曼菲斯更需要他，我不放他走。"说完之后就把电话放下了。他的话和动作令我目瞪舌结，其他的话便成为多余的了。不过，我至今仍欠曼菲斯一份人情。

1986 年 7 月 1 日，我离开 UMBC，去 UMCP 任植物系终身教授，并兼任农业生物工程中心代理主任，年薪按照曼菲斯大学提供的数目调整。

现在回首当年，Toll 的这一安排，真是大动干戈，从上到下动员了近十位主管。在马大的校总部，从总校长 J. Toll 到学术副校长 R. Colwell，再到 UMCP 校区的校长 J. Slaughter，又从 J. Slaughter 再到学术副校长 B. Kirwan，由 B. Kirwan 到农学院（也是总校的副校长）院长 R. Miller，由 R. Miller 到植物系主任 G. Patterson，这是学校的一条直线。还有生物工程研究院那一系统，就是由 R. Colwell 到 P. Mazzocchii。要不是 Toll 以他的地位发号施令，其中没有任何一个人可以一通百通的。Toll 真的是不计代价地留下我。

1987 年，我拜托谈家桢教授、何康部长这两位马大的荣誉博士共同安排，邀请 Toll 全家四口去山东烟台大学及曲阜游览"三孔"，并赴上海复旦大学接受荣誉博士学位。在当时，授予外国大学校长荣誉博士学位是件天大的事，要得到国务院学术委员会的通过很不简单，全靠何康部长和复旦的谢希德校长两位学术委员会的委员从中撮合，一切顺利，一切如愿。Toll 在曲阜参观"三孔"时，特地寄给我一张明信片，写着："We thought of you as your cousins here in Qufu were teaching us the glorious tradition of Confucius, here in the cradle of Chinese culture. We have much to tell you of our wonderful trip, including a 1-hour reception by Wa Li（万里）and an evening with his family. We thank you for all the arrangements."（附录四）

　　Toll 全家从中国归来之后，在我的建议下，马大总部的学术副校长 Dr. Rita Colwell 于 1987 年 12 月 13 日在她家里为 Toll 获得复旦大学的荣誉博士学位举行庆祝晚宴，我特别邀请了韩叙大使夫妇参加（图 57）。

图 57　马大总校长 Toll（左）在上海复旦大学接受荣誉博士学位返美后，UMBI 校长 Dr. R. Colwell（右）在家设宴为他庆祝，韩叙大使（中）赴宴道贺（1987）。

　　1988 年，马里兰大学的五个分校和四个研究单位，在 Toll 的推动和设计下，与马里兰州其他的六所大学校区合并，成为马里兰大学系统，由 Toll 担任这个马里兰大学系统的首任 Chancellor（校长）。在他的领导下，这个新组合的大学系统，获得州政府空前的资助，从 1988 年 7 月 1 日起，这个新的马大系统的预算将增加 35％，为期两年。在整个美国来看，这都算是史无前例，Toll 功不可没。

1989年，因为和校董会有分歧，Toll辞职求去。在离职前最后一次主持马大系统大学校长联席会时，他看到我以副校长身份代表校长R. Colwell出席，于是特别花了不短的时间介绍并褒扬我，让我在马大系统全部校长心目中添了许多风光，扫去与我不相识的一些校长们的疑虑，因为我是唯一的一位华人，坐在他们中间，这是他们以前从来没有经历过的。

Toll多年来总是不忘爱护和提携我，我多年来在他这棵大树下避风躲雨，受益匪浅。

1986年春季，有一天我忽然接到一份UMBC校长遴选委员的开会通知。我有些惊喜，因为这是一个很多教授们梦寐以求的委员职位，会和未来的新任校长建立直接的关系。我之所以惊喜，还因为我从来没有争取过这一委员职位，虽然我知道有很多人为这一委员的职位争得水火不容。一经询问，才知道是总校长Toll任命的，他对我的确是信任有加。这是我有生以来，在美国的公立大学中，第一次参与校长选择的过程。细节我已不复能够详记，印象很深的是，在讨论应征为校长的人选时，讨论得很详细，除了学历经历之外，还有人在意应征者是来自何方，因为有一位委员不赞成某某，是不喜欢他的口音，口音不同是因为来自不同的地区，如此类推，一个来自外国的人，要想和他们打成一片，甚至做他们的校长，该是多么的难。这让我这个国外来的人感慨万千。

我们委员会在众多应征者中初选了几位，并分由各位委员分别负责招待和照顾。也真是三生有幸，我负责照顾的Dr. Mike Hooker最终入选。我那时正在准备离开UMBC，不管如何，我和Mike总算是很熟了。更巧的是，他也认识台湾的李国鼎"资政"，并很推崇，于是，他支持我对李国鼎"资政"荣誉博士学位的提名。水到渠成地，李国鼎"资政"在Mike接任UMBC校长之后，于1989年6月4日获得UMBC荣誉博士学位。

Toll 从 1978 年到任至 1989 年离职的 11 年中，把马大的地位提高了很多。一是聘请和留住了很多杰出的教员，马大系统的教员们从竞争中所得到的奖金数额五年来在全国名列第六。二是吸引到最优秀的学生，在 Toll 任职的 11 年中，全国优秀学生进入马大的数目增加了七倍，而学生入学的考分也增长了 72 分。三是 1987 年在马大获得博士学位的人数，在全国公立大学中排名第六。四是有七个学系排在公立大学第十名，其教员都在国家科学院院刊上刊登过论文。五是申请到的研究经费和合同大幅增长了三倍之多，在 1989 年达到了两亿美元。依据国家基金会统计，马大系统获得的研究经费列入了公立大学的前十名。

Dr. Toll 在 1989 年离职。由于他长期在马大的教学上、研究上和行政上的高度成就，校董会授予他"荣誉校长"奖。

Toll 在位时最后一年的生日（1989 年 10 月 25 日），我和他的夫人 Debbie 及他办公室的同事友好商量，在我家为他开了一个令他惊喜的生日派对（图 58）。他

图 58　马大总校长 Toll 任满离职前，孔家举办了一个令他惊喜的生日晚宴。孔庆德（右一）和孔庆龄（中）在欢迎他的光临（1989）。

多年的副手之一，David Spark 副校长，提供了一个我可以邀请的名单，都是 Toll 的同事和朋友们。对他在位十多年，把马大带上成名之路，大家都表示敬佩和感激。

我去了香港后，他给我写来很亲切和很鼓舞人的圣诞卡：I think of you often, of the fine job you are doing in Hong Kong and did in the University of Maryland. We miss you. Please visit us whenever you can.

他还在1994年来了香港看我们（图59，60）。就像图59这张照片一样，他总是带着愉快的笑容。在马大的那十多年，他对我像是父兄一样的亲近，从来没有让我觉得他是我老板的老板的老板。我也从来没有为自己的任何事情请他帮过忙，只觉得能在 Toll 的手下工作十年有余，真是三生有幸，又不知道如何才能报答这份知遇之恩。

图59 马大前总校长 J. Toll 赴港探望作者时，参加欢迎他的家宴，大家开怀大笑。（右起）作者，Toll，香港科大吴家玮校长夫人，杨祥发院士（1994）。

图60 作者夫妇在香港家中宴请来访的前马大总校长 Toll，与来宾们合影。（右起）吴仲蓉博士，杨祥发院士，作者，张立纲院士，Dr. J. Toll，王佑曾副校长，Dr. Toll 的学生 P. Dobson（协理副校长），吴家玮校长（1994）。

图61 作者内人在"玉堂春"公演后与部分观看的嘉宾合影。（右起）石永垚，周苏民，冯太孚，Dr. Toll，傅静珍，作者，Mrs. Debbie Toll，吕幼仪，Betty，左天觉（2004）。

近十多年来，有时从香港回美，总要找个机会，请他见面吃饭。有一次，他们夫妇还特地来观赏我太太登台表演京戏——苏三起解（图61）。

大约是在2001年5月，马大（UMCP）为了纪念和感谢Toll对马大和物理系的杰出贡献，特将物理系的大楼命名为J. S. Toll大厦。我得悉之后，和太太一起整装赴会。还没有来得及去向Toll道贺，典礼就开始了。我虽然是挤在人群中，可是Toll在致词时，一眼就看到了我。于是，他把话题一转，指着我向大家介绍：:"我要特别谢谢孔教授远从香港赶来参加这个典礼。"并又如往日一样夸奖我一番。在我的记忆中，Toll总是这般照顾我，不论在哪里，不论是什么场合，不论在什么时候，只要他看到我，都会像家长照顾孩子一样照顾我。每每想到这里，内心总是止不住的激动，今生不知如何报答这份泉水一般源源不断的恩情。

Toll从马大系统上退休之后，又去只有700名学生的私立华盛顿学院（Washington College）做了十多年的校长，我还将何部长的孙子介绍到他的学校读了一两年，他也是尽心地照顾。2004年4月，他们夫妇同来参加马大为我办的退休晚会，Toll校长致词时，一如既往地夸奖我的无私和领导能力，并说我是他最佩服的两位中国朋友之一，实在是过奖。他在2003年动了心脏手术，我打电话去问候他，他说："我现在有一颗Big heart。"我说："你一生对人对事一直是用Big heart。"最近（2009年春季和夏季）两次请他们夫妇吃饭，他老了，也迟钝了。我对他说："You took good care of me. Now, I want to take good care of you."但是，我不知道怎么做了。晚了，太晚了。

二

1981年左右，UMCP的一位相当于副校长的Provost Dr. Larry Vanderhoef，他主管的是这个校区的农学院和生命学院,当时植物系有一批年轻的教授,他很希望我能从 UMBC 校区的生物系转到 UMCP 的植物系。他也是一位知名的植物生理专家。有一天他打电话约我见面,时间敲定之后,我就问他:"你的办公室在哪一栋楼上?"他胸有成竹地说:"到时候我开车来找你。"我感到受宠若惊,我深深地觉得这位校级主管对教授如此礼遇和尊重是本着"以人为本"的精神治校。我告诉自己,他值得我学习,我也觉得我会这样做,我也能做到。从此以后,他在我的心目中成了偶像。

正在我写这本书,刚刚写完 Toll 的故事之后,即将执笔写 Vanderhoef 的同时,我的长子庆德寄来一本杂志——UC DAVIS magazine(Vol. 26,#4,Summer 2009)。Chancellor Larry Vanderhoef 是这一期的封面人物(图 62)。这篇封面人物的特稿,也就成了非常有用的资料。在特稿的开头,有他签的 Vanderhoef 大字,还有一句很显著的题记:

A remarkable era in UC Davis' history comes to a close as Larry Vanderhoef ends a quarter-century of campus leadership, the last 15 years as Chancellor.

图 62　UC DAVIS magazine 2009 Summer Issue 的封面人物 UC Davis 校长 Dr. Larry Vanderhoef

Vanderhoef 来自威斯康星一个以铸造业为主的小镇，他是家中第一个读完高中的孩子，也是镇上少数进大学读书的人。从他幼年的那种环境到今天成为全国名校的著名大学校长，对他而言，是要经过一番不寻常的转变。在没有担任大学的行政主管之前，他已经是一位成功的植物生理学者，在他研究的植物荷尔蒙领域很有名气，并曾担任过伊利诺伊大学的植物系主任。在 1980 年前后，他被马大 UMCP 校区聘任为 Provost，主管生命科学院和农学院两院事宜。我们认识就是在他到马大以后，那时，有两件事情，使我们有了很频繁的接触。一是 1979 年我在 UMBC 升级为教授触礁，UMCP 的植物系希望聘我为教授完成我升级的愿望。代表 UMCP 与我接头的就是 Vanderhoef。二是由我促成 UMCP 的农学院与中国的浙江农业大学签约合作，在签约的时候，他嘱我出面主持，因为在中国是由我出面接洽和定案的，可是，我感到不合适，而且我又不是 UMCP 的成员，更没有任何行政职务，但他说：“你有 Instinct。”那时候，连什么是"Instinct"我都不知道，不论如何，在这件事情上，我们做得很成功，合作得很愉快。虽然第一件事，由于 Toll 反对 UMCP 这个大校区去到 UMBC 小校区挖人而作罢，但是以后我们常常合作，成了好友。他在 1984 年秋天离开马大赴加州戴维斯大学任副校长，在他离开之前，他和总校长 Toll 促膝长谈，其中有一个建议，就是马大应该重用我来主持农业方面的工作。他在当年 8 月就去加州大学了，Toll 约我在 9 月 5 日晚餐并将 Vanderhoef 的临别赠言告知，我对他的好心善意不但是万分感激，而且更视为"知遇之恩"。他本人从来都没有向我提过这个事，真是君子。另一位我心目中的君子是当时任 UMCP 校区校长的 B. Kirwan（图 63）。他曾征询我的上司 R. Colwell，问她可不可以放我到 UMCP 校区主管农业和生命科学，Colwell 嘱我不要拒绝这份任命，虽然日后生变，我仍然至今不忘这位赏识我的校长。Kirwan 校长多年来一直很器重我，对我礼遇有加。我去了香港之后，他还带队到科大来看我并参观，他对科大的创立与成长都很欣赏。归去之后，特别请我去 UMCP 向他的主将们介绍香港科大的近况和远景。没能在他手下工作，也很遗憾。

图 63　马大 UMCP 校区校长 B. Kirwan（右五）率团访问科大在作者（右四）办公室合影，他的右手侧为他夫人 Pat（1996）。

　　Vanderhoef 离开马大不久，Toll 就把我调到 UMBI 任农业生物工程中心主任。当我担任中心主任时，我请 Vanderhoef 为中心顾问委员，在我被提升为 Provost（副校长）时，我也请他担任 UMBI 的顾问。不论是在哪个职位上，他都在年报上提名赞扬我的成就，美言不断。我在 1991 年去参加创办香港科技大学的工作，并邀请他来参观和提出建议。他和夫人 Rosalie（图64）于 1993 年 9 月抵港，在科大住了三日，并和各院院长交谈（图 65）。日后，他提出一份建议书，其中对教授铁饭碗制度的建议，的确别有见地。

图 64　UC Davis 副校长 L. Vanderhoef 夫妇到访香港科技大学，摄于作者办公室（1993）。

图 65　香港科技大学校长吴家玮（右一）宴请 UC Davis 副校长 L. Vanderhoef（右二），科大理学院院长、张立纲院士夫人张象容（左二），工商管理学院院长陈玉树（左一）（1993）。

1993年,他写了一封信给我,说道:"Certainly, your advancement has been at a record breaking speed. I surely hope that we will be able to get together soon." 这是因为,我在科大理学院院长的位置上只做了七个月就升为学术副校长了。在同一封信上,他还说:"I recently had a chance to talk separately, with both Brit Kirwan and Johnny Toll at a meeting in New Orleans. Both of them have warm memories of you, and I believe they both hope that you will return to the University of Maryland."(附录五)他总是在信上,说到你的好处,鼓励你,这样的朋友和领导者多么难得!

我曾在1994年春到UC Davis拜望他,向他要到一本UC Davis的教员手册,科大的教员手册,就是参考马里兰大学和他的这份手册拟定的。

我从科大退休之后,我们全家去加州度假时,去Davis拜望他(图66)。大家都很高兴看到他。

图66 作者夫妇(左一、左二)及孔庆龄和孔庆德(右二、右一)赴UC Davis拜访校长L. Vanderhoef(中)(2005)。

Vanderhoef 在 UC Davis 服务了 25 年，前 10 年是副校长，后 15 年是校长。他在 2009 年的 8 月 17 日离开这个宝座，在美国的教育史上，他是在校长位置服务最久的一位。他临走时，全校的师生都恋恋不舍，因为他在做校长的 15 年中：

1. 把研究经费，由 1.69 亿增加到 5.86 亿。

2. 将讲座教授和大学教授职位，从 13 位增加到 113 位。

3. 职员增加了 40％。

4. 在校学生从 2.2 万人增加到 3.1 万人。

5. 对国际学者的吸引力，在全国排名第四。

6. 每年私人的捐款，由四千万增加到两亿。

7. 教室、实验室、诊断室和办公室增加了六百万平方尺。

8. 教员增加了 44％。

9. 增加了两个学院：教育学院和护理学院。

10. 每年颁发的学位增加了 45％。

一位会识人会待人的主管，一定会做出骄人的成绩，因为大家都会同心协力。他能把 UC Davis 办得如此出色，是我意料中之事，我一点都不惊奇。

因为他的杰出贡献，2009 年 5 月，他还被授予 "UC Davis Medal" 奖，这是学校的最高荣誉，他也是获得这项大奖的第一位校长。Larry，恭喜！

得知他荣休之后，我打了一通电话到他家，恭喜他在位多年的成就，大家相谈甚欢。我们约定，我明年去 Davis 看他，现在我就开始期待了。

三

我在 UMBC 任教和 Dr. John Dorsey 在 UMBC 任校长的期间，大约是 1983 的夏天，我有事要去见他，就打电话给他的秘书 Pat，希望约校长有空的时间去见他。Pat 听出来是我，她说："Dr. Kung，校长有交代,你若要见他,随时都可以,不必预约。"我听了之后,非常感动,看起来,这是一件不足挂齿的小事,可它在我心海里吹起了一大片浪花。

Dr. John Dorsey(图67)1936年出生在马州的汉格斯镇(Hagerstown),1958年以优异的成绩毕业于UMCP,1964年从哈佛大学经济系获得博士学位,1963年加入UMCP经济系执教。1965年,他向UMCP请假一年到华盛顿担任总统Lyndon Johnson的经济顾问此后又回到UMCP担任行政副校长,1974到1975年出任UMCP的代理校长。

图67 马大UMBC校区的执政团队,前坐者为校长Dr. J. Dorsey,后右为学生事务副校长S. Richard,中坐者为行政副校长S. Giffen,后左为学术副校长W. Jones(1983)。

Dr. J. Dorsey是教育家、经济学家,也是政府的顾问。他在1977年7月1日被任命为UMBC的校长。UMBC是马大五个分校中最新的一个,成立于1966年,他上任时有学生8000多人和教授390人。

Dorsey在我加盟UMBC三年之后到任,那时我已经在我研究的植物分子生物学领域打下基础,三年来在《科学》和《自然》杂志各发表了两篇前沿性的论文。因为我的研究成绩突出,植物生理界的元老和名教授,都很熟悉我。借着这个机会,我请他们先后来UMBC的生物系演讲。三年之内,我把这一行内的知名之士都请来了UMBC,他们分别是 C. J. Arntzen,H. Beevers,C. C. Black,L. Bogorad,W. R. Briggs,R. Hardy,R. H. Burris,G. M. Cheniae,M. J. Chrispeeds,T. Deiner,A. W. Galston,G. G. Latties,A. W. Naylor,J. P. Thornber,T. C. Tso,P. T'so,J. E. Varner,S. G. Wildman 和 Zelitch 等。他们之中,有的是美国国家科学院的院士。可以说,这些人,都是植物生理界的"大腕"。我不但把这些名人请来,而且每次都对他们作别出心裁的介绍。有一年,我请霍普金斯大学的著名生化教授 Dr. A. L. Lehninger 到系里演讲。他所著的《生物化学》非常流行通用,不但被美国各大学采用,而且被译成24种文字,所以他的知名度是世界性的。我介绍他的时候,我说:"有史以来,从发行量来讲,世界上有三本流行最广的书,第一本是圣经,第二本是毛泽东语录,第三本就是 Dr. Lehninger 的《生物化学》……"他非常高兴,并开玩笑地接着说:"根据最新的统计,*Happy Hooker*(《一位风尘女郎的自传》)排在我的《生物化学》前面……"大家哄堂大笑。这些"大腕"很自然地就把UMBC宣扬出去,这对UMBC知名度的提高起了很大的作用。因为这些学者都是知名之士,他们在未参观之前,还以为我们只是一个以教学为主的校区,来了之后,看到一群年轻力壮、生气勃勃的教员和浓郁的研究风气,大为赞赏。

我深深知道,要在美国的象牙塔里立足,必须和照相机一样,有一个稳固的三脚架,一脚是研究,一脚是教书,另一脚是服务,三者缺一不可。其中最重要的是研究和教书两脚。前面我已经提到,我的研究一直很强,不但是在系里,就连在全校也崭露头角。

在服务上更是突出，做到了为学校扬名的地步。最后的一脚就是教书了。在教学工作上，我一直担心英文不是我的母语，而且我讲英文时，乡音难改，为求补偿，对教学，我一直抱着认真的态度，免得学生抱怨，甚至投诉说听不懂我的英文。起初，我每堂课都事先录音，先听一遍，以改正英文。我还在每堂课上先讲一个入时的笑话，看大家的反应，把它作为能否有效沟通的指标。所以，我在第一年教学的日子里，收集了很多笑话资料，现在还可以在茶余饭后，博大家笑一笑。但最受欢迎和最具效应的几则笑话都是根据时事的背景自己编写的。时代背景是1974年冬，美国尼克松总统由于水门事件违法被迫下台，并获福特总统对他罪行的特赦（pardon）。同时，我受聘的学校校长是华裔美国人 Dr. Kelvin Lee（第二代华侨）。我就利用这两项背景，编成了下述两个很受欢迎的笑话。其一是："假若我的英语（English）讲得不正确，那是因为我先学加拿大语（Canadian），以后才学英语，所以说起英语来就有加拿大口音。请不要以为加语与英语是相同的，其实差别很大，譬如说，在加拿大，如果你做错了事，你会说 excuse me，但在美国，如果你犯了法，你会说 pardon me。"其二是："我之所以选择到本校任教，是因为在本校，假使你看起来像中国人，讲得一口地道的英文，你一定做校长；假使你看起来像中国人，讲得一口中国口音的英文，你就可以做教授。"这两个笑话都很受欢迎。

实际上，我自从1954年进入台中农学院之后，就开始用心训练口才。那时候，我只身在台，每逢寒暑假，同学们都回家了，我仍然住在学校，就借着这个机会，去参加由"救国团"举办的各式各样的冬令营和夏令营。营里又设有各种课外活动，演讲比赛就是其中之一。为了训练口才，凡是有演讲比赛的活动，我都报名参加。大部分演讲比赛的形式，是由主持人在轮到你出场的时候，叫出你的名字或号码，并请你抽出一个题目，然后由你当场针对这个讲题即兴发表意见。因为在这个营里，我没有熟人，不怕丢脸，所以效果很好，颇有进步。

在台湾的学生时代，我常常代表学校或侨生（我算是香港侨生）演讲，还记得毕业之前，在台中农学院的一次早晨的周会上，我讲的一句名言是："我们每位同学都是'救国团'的团员，这就等于都不是团员。"在出国之后，我一直想以幽默和风趣来补偿在语言上的不足，可是，要了解西方的幽默，必先了解西方的文化。几经努力，成效也不错，无论在多伦多大学也好，在加州大学也好，在马里兰大学也好，我都是一位很受欢迎的 Speaker。

世界上没有白吃的午餐，也没有白花的工夫。

系主任 Schwartz 告诉我，我为提升 UMBC 的声誉所作的努力颇有成效。我相信他一定也告诉了新任的校长 Dorsey。所以，Dorsey 一到职就对我礼遇周到，我们每次在教职员餐厅相遇，他总是走来和我坐在一桌，在校内或校外参加任何聚会的场合，他也总是找我聊天。

Dorsey 是一位经验丰富的行政管理人员，可是他的个性与他的职责不合，他是一位很沉默而不外向的人。有一段时间，他的副校长想取他而代之，校园里有不同的传闻，闹得翻天覆地，鸡犬不宁，而他竟然一无所知。最后他找我去询问，我照实回答，他才恍然大悟。不久，就一切又归于平静了。

Dorsey 心地很善良，也很注重友情。有一天，他的秘书 Pat 打电话给我，说是校长有事要见我。我进了他的办公室，他很客气地说："我有 UMCP 看篮球的季节票，我不是篮球迷，我知道你爱看篮球，这里是这一季的门票，座位很好。另外一张是校长停车证，就在球场的门口。"我非常高兴，也非常感激。没有想到的是，当我把车停在留给校长们的车位之后，有位校警走过来看看我，又去看看停车牌，像是心有疑虑，我不禁想到，他一定是在马大从来没有见过一位华人校长。

1984年，我被一个机构选入"美国名人堂"。他得悉之后，写了一封很感人的信给我，这是一般的校长都不会做的事情。

"I was delighted to read that you had recently been inducted into the Directory of Distinguished Americans Hall of Fame for your contributions as a professor of Biological Sciences. While it is always gratifying when a member of our faculty is honored by a prestigious organization, this recognition of you is doubly gratifying because your contributions have done so much to build the overall reputation of this University."（附录六）

读完了校长写的这封信，我非常感动，所以一直把它保留在身边。在马大的20年，我一直是默默地努力，日夜不息，也一直受到重视，又一直有所收获，从来没有觉得有一分努力是白费的。我的每一滴血汗、每一次思虑，最后不是变成薪俸，就是变成了荣誉。

20世纪70年代末、80年代初，中美建交，中国的改革开放伊始，我的研究工作也进入极盛时期，国内植物界的人大都读过我的文章。而且，我刚到UMBC之初，就接待了"中国光合作用代表团"。那是1974年的感恩节，其他机关都放假，所以UMBC的学者们和这第一队访美的科学家们有较长的接触。这个团是由国内研究光合作用的专家们组成，团长是沈允刚教授，来自上海的植物生理研究所，副团长是匡廷云教授，她是北京植物所的骨干（图68）。五年之后，由北京植物所所长汤佩松和上海植物生理研究所所长殷宏章担任正副团长的"中国植物代表团"（图69）访美，这几位正是中国植物生理界的元老、名人。我有幸被邀请为陪同人员，其他的陪同人员还有戴威廉和

图 68　1974年感恩节,"中国光合作用代表团"访问 UMBC,这是多年来第一个从中国访美的学术团体。(前排右起)Dr. T. Marsho, Dr. Wong, Dr. R. Radmer, 作者, Dr. G. Cheriae, Dr. W. Wardell, Dr. G. Johnson。(后排右起)魏家绵,——, Dr. B. Kok, 沈允刚院士, Dr. M. Schwartz, 冯因复, 阎龙飞, 匡廷云院士,——,——。

图 69　1979年"中国植物代表团"访问 UMBC。(右起)范胜鼎, 殷宏章所长, 邱秉钧, Dr. J. Roger, Dr. M. Schwartz, Dr. N. Barnett, 汤佩松所长, Dr. T. Marsho, 沈佩育, 作者。

沈佩育，我们一共三人。从东海岸的哈佛到西海岸的加州理工学院都访问参观了，十多天的相聚中，我和这几位中国植物界的"祖师爷们"都结为朋友，所以在植物界，来访问UMBC的中国团队很多。图70是校长Dorsey和我实验室里来自中国、荷兰和日本的三位访问学者的合影，因为当时我的实验室可能是UMBC最具国际色彩的一个实验室。怪不得在Dorsey去中国的上海和北京旅游归来之后，半开玩笑地说："在中国，UMBC和哈佛一样的有名。"

图70　UMBC校长Dorsey（中）与作者（左一）实验室来自（右起）中国、荷兰及日本的国际学者合影（1983）。

自从1978年认识谈老（谈家桢院士）之后，一直非常敬佩他这一生在经典遗传学上的突出贡献。他在中国已经是科学院的院士，也是中国遗传学界的领军人物，不但桃李满天下，著作也发表了很多。因之，我一直有心推荐他为UMBC荣誉博士的候选人，可是，时机一直不成熟。1985年5月初，我在报纸上读到美国科学院选上谈老为外籍院士，马上去找系主任磋商，他大力支持我提名。当晚我又去请教一位很熟的副校长，她也支持，并答应次日去问 Dorsey 校长。Dorsey 校长说："UMBC 的提名期已过，孔教授是总校长 Toll 的好友，我愿意在他提名的文件上署名支持，他可以直接上呈总校长 Toll。"我依校长建议迅速行事，一天之后，我的提名就上呈到 Toll 的手上。在这样的紧迫情况下，Toll 只有自己提名，很顺利地过关。谈老也马上办妥一切手续，按时在 6 月初抵达 UMBC，接受学位（图 71）。没有 Dorsey 校长的转呈，不是总校长 Toll 的提名，这条路是走不通的。

图 71　UMBC 授予上海复旦大学副校长谈家桢院士荣誉博士学位。宴会上谈家桢院士（左二）和马大总校长 J. Toll（左一）、UMBC 校长 Dr. J. Dorsey（右二）、中国名报人陆铿先生（右一）合影（1985）。

Dorsey 在 1986 年离开 UMBC，回到马大的校本部工作，我就在 1986 年的 5 月 4 日，借 UMBC 的餐厅，在中午举行了一个盛大的派对来庆祝复旦大学的谈家桢院士在 1985 年获得 UMBC 荣誉博士学位和欢送 Dorsey 校长离职（图 72）。来宾近 60 人，学术界有美国国家科学院副院长及院士七位，还有马大的校董会董事长、总校校长、分校校长、副校长，政界有中国驻美大使、马里兰州议会议员等，真是高朋满座。首

第四章 理念相通:三位大学校长的激励

图72 作者夫人和女儿在欢送 UMBC 校长 Dr. J. Dorsey(中)的宴会上和他留影(1986)。

图73 作者在宴会上致欢迎词。(最右侧起)谈家桢院士,总校长 J. Toll,韩叙大使,作者,——,UMBC 副校长 S. Giffen。(前面)面对作者的是 UMBC 副校长 Dr. B. Hanson(右),美国科学院副院长 J. Ebert(左)(1985)。

先，我以主人身份致词（图 73），欢迎各位贵宾的光临，并祝贺谈老获得荣誉学位和感谢 Dorsey 校长任内的贡献。接着就是 Toll 校长、韩大使、Ebert 院长致词，谈老和 Dorsey 校长最后致谢词。Dorsey 校长在致答谢词时一开头就说："我来到 UMBC 是来办大学的，不是来交朋友的，宪铎是个例外。"这真是令我感怀，久久不忘。

写到这里，都是在回顾我在国内的大学和国外的研究院里的经历。我一直都沐浴在由师长们所营造的"以人为本"的环境和气氛里。执教于大学校园之后，我的各层上司不但是以"以人为本"的心态和态度对我，更在身教上做了很生动的"以人为本"的示范，令我终身难忘，更是终身受用不尽。在这一方面，我实在是非常幸运的，正如《我的科大十年》一书的前言中写的："在我写完许多在科大的代表性的人物和他们对科大、对香港、对中国和对世界的贡献之外，我也写了自己，是一个锲而不舍、屡逢知遇、好运高照的人。我的运气是天下一流的。"

我的这一生真是"好运高照"，更是"屡逢知遇"。

第五章

身体力行：将"以人为本"付诸实践

▲ 院长定期会议后合影。（右起）丁邦新院长（人文社会科学院），高秉强（工学院），张立纲院长（理学院），作者，J. Mize, P. Dobson和陈玉树院长（工商学院）。

第五章 身体力行:将"以人为本"付诸实践

一、第一个让我施展"以人为本"精神的平台——马里兰大学生物工程研究院校区(University of Maryland Biotechnology Institute,UMBI)

还有一位在身教和言教上都让我体会到"以人为本"的人,他是美国科学院的院士,也是卡内基研究所的所长,Dr. D. Brown(图17)。我在马大时,他告诉我,他能把研究所办好,是因为他相信"以人为本",是因为他照着"Recruit the best people and keep them happy"去做。

我知道 D. Brown 这位学者,是在1970年,因为他主持的研究所办得有声有色,他招聘的研究人员中,有一半是美国科学院的院士,院士如此高比率的研究所在当时几乎没有。我认识他并开始来往,则是在20世纪80年代的中期,在我受命从 UMBC 校区去 UMCP 校区创立农业生物工程中心并担任首任主任时。在那个时候,我知道,要办好一个研究中心,必须请到好的研究人员,所以,我就请教于他,进而聘他为我这个中心的高级顾问。大家交往久了之后,非常投机,我问他:你的研究所里有如此多的高手,你是怎么把他们请到的?他说很简单:"Recruit the best people and keep them happy."于是,我在为这个新成立的中心请人时,就照着他说的去做。这个招兵买马的责任,给了我一个难得的机会去实践"以人为本"的做法。

我为这个中心请到的第一位高手是 Dr. Ted Diener(图74),他是美国国家科学院的院士,是马大系统中少有的几位院士之一。他还是沃尔夫奖(Wolf Prize)的获得者,这是农学上的诺贝尔奖,他是马大系统教员中获得此项殊荣的第一人。我做到了 Recruit the best people 这一点,我又如何去完成 Keep them happy 这一项呢?我让他觉得我是他的服务员,不是他的上司,这让一位来自政府机关的工作人员感觉到非常新鲜。在薪俸上、在仪器设备上以及在日常生活上,我处处关心他,照顾他。凡是他想要或者应该有的,我都自动地不必他开口就给他。我在家里开了欢迎 Party，请总校长和有关主管们与他相见（图75）。他告诉朋友，他在马大比以前在农业部的实验站上愉快多了。大家成了很好的朋友（图76）。

图74　作者和 T. Deiner 院士（左）（1988）。

图75　T. Deiner 院士（左）和马大总校长 Dr. Toll（右）（1988）。

图 76　作者在香港科技大学任职期间，每次返美都和 UMBI 的老友相聚。（前排右起）傅静珍，Dr. T. Deiner 院士和夫人，Dr. R. Neiville 和夫人。（后立者右起）G. Silsbee, Dr. B. Owen, Dr. 赵衍，作者（1993）。

此后，我在这个农业生物中心聘请同事的时候，都是依照这项"以人为本"的原则。

我聘请的第二位教授是 Dr. J. Regier（图 77），他来自美国西北大学。由于学校的发展方向改变，有的系、所被撤销了。他是生物系的副教授，生物系正在被撤销的系所中，他失业了。正巧，我们中心在招聘助理教授，他就"饥不择食"地应征了。他来马大口试时，我从他的申请资料上看到他的资历和成就，非常赞赏。在与他交谈之后，对他印象很好，觉得他实在是一位合格的副教授，做助理教授有点大材小用了。于是，我开门见山地问他："你今天见过了好几位马大的副教授，与他们相比，谁比较强，你还是他们？"这个突如其来的问题出乎他的预料，稍停一下他才回答说："我比他们强。"我直率地对他说："你是对的，你既然已有做副教授的资格和经历，你今天虽然是在申请助理教授的职位，我还是会给你一个副教授的头衔和职位，并有长俸（tenure），你意下如何？"他有点受宠若惊地说:"非常感谢,什么时候上班?"我把一切安排好后,他如期报到,工作努力,很有前途。我在1991年请假去香港,由他代理我的位置做代理主任,他做得很好自不待言,在申请研究经费上也很成功。他更是对我感谢不已。我去了香港之后,他还专程来港探望我。我辞职离开马大之时,他更是发起并促成学校赠予我"荣誉教授"头衔。

图77 从香港返回马里兰时,常会和UMBI我所创建的中心里我所聘请的青年学者们相聚。(右起) Dr. D. O'Brochta, Dr. V. Vakharia, G. Silsbee, 作者, Dr. G. Payne, Dr. W. Bentley, Dr. T. Deiner, Dr. J. Regier (2002)。

他一直不忘我对他的赏识,因为在2003年初,我已离开十多年了,他还特别写了一封信给我说:"I want to tell you how much I enjoyed talking with you at our recent luncheons and how I continue to appreciate the help and encouragement you've given me over the years. Perhaps you would be pleased to know that I am currently PI or Co-PI on four NSF grants."他不但不忘我对他的提携,而且还特别告诉我,他目前是美国国家科学

基金会提供的四项研究经费的获得者和合作者。他工作顺利，成绩斐然，意思是说："你没有看错人。"多好！

一个学者应得到的，最好在他未出手争取之前就给他，事情的结果可能与他争取后的一样，但是他的感受则大大不同了。

要能做到"以人为本"，不是光挂在口头上讲。

另外一位被我招聘到中心来的是我副手，也就是我的副主任，G. Silsbee（图 76，图 77）。他的特长是会计和管理，最难得的是他非常了解大学教授们的心态，而且当我们的研究中心要对教授们提供服务时，他知道如何去做才能令他们满意。这一点上，他在我贯彻"以人为本"的原则时，配合得很好。

他到职一年之后，由于工作出色，大家对他非常满意。年中加薪时，我为鼓励他，加薪幅度不小。他收到通知后，来对我说："非常感谢你为我加薪的幅度，但我认为应该不要超过教授加薪的幅度，在大学里还是要以他们为主。"他在我的中心管理会计，当然知道中心的全貌。我也学了一招。我谢谢他的无私，这一点使我非常器重他，欣赏他。

我去香港的第二年，1992 年的春天，我特请他到香港科大十天，为我理学院的预算分配立下公平的原则。我不在美国的时候，他还照顾我家的医疗保险等事项，使我一人在香港能够安心工作。

我到今天还保留着他在 1989 年秋写给我的一封信，这封信使我很感动。在信上他说："I would just like to say that my experiences here at CAB have been all I hoped they would be when I took this position. In particular, the opportunity to work with you is the greatest pleasure of my professional life ……"直到今天，我们还是经常保持联络的好朋友。

从 1987 年 7 月 1 日开始，两年间，我们新聘了十多位学者。除了前述的二位之外，还有一位值得一提的是 Dr. W. Bentley，他现在已经是马大的讲座教授，很难得。我任中心主任时所聘的那一批人，现在大都已是功成名就，而且大都仍是在马大快快乐乐地工作，未曾离开。此外还有兼任教授近十人，中心为他们提供的资助和服务，都深得人心。起初，有一位植病学的教授 Dr. A. Collmer 被康乃尔大学以颇为优越的条件礼聘过去，他在行前与我促膝长谈，说："在我决定应聘去康乃尔大学之时，最让我难以启齿的就向你辞行，因为你对我实在非常之好。"

两年后，我已升级兼任 UMBI 校区的副校长（Provost），我可以施展的平台大了十多倍，可惜，不久我就离开了。

二、香港科技大学是我施展"以人为本"精神的最佳平台

1991 年 6 月初，我请假离开马大，内心也有一番挣扎。但创立香港科技大学给了我一个在理学院院长位子上推行"以人为本"的机会，半年之后我登上了学术副校长的位子，这个平台更大了，机会更是难得。正如我们创建科大的理念是"着眼世界"，创校的基石就是"以人为本"，创校的支柱则是"游戏规则"。

《我的科大十年》一书中，第二章的主题就是"以人为本"，可是，在"以人为本"中请人的情节居多，待人的情节较少。本书目的就在于矫正这一方面记载的不平衡。下面的内容，主要是采用较多案例来细说"以人为本"中待人的情节。

我在 1992 年的 10 月 15 日，经过公开竞选后，被正式任命为香港科技大学的学术副校长，即日辞去理学院院长之职。院长出缺之后，招聘院长成为我的第一要务。学校的高层早就看上了张立纲院士（图 78），他是大家一致公认的绝对上选，可是他从 1992 年的初春等到秋天，早就不耐烦了，况且台湾在争取他回母校台湾大学，已经争取得白热化。台湾大学的孙震校长（图 79）、"中央研究院"的李远哲院长和台湾"科

教之父"李国鼎,三人合在一起劝说他,有点使他招架不住。1992年秋天,他在北京见到校长吴家玮,就对他说,自己决定回台湾。他也通知了我,但我仍一如既往地在他身上用心和用力,同时更加快了脚步。

图78 张立纲院士(左)与作者(1994)。

图79 孙震校长(右)、作者和宋健先生(左)(2004)。

请人就请最好的,这才是"Recruit the best people"的真谛。他是最好的人选。张立纲院士的名字,我早就听说过,可我直到1991年的6月23日,才在香港九龙尖沙咀皇家太平洋旅馆与他相见。那天早上8时,我去迎接从美国和英国来港参加香港科技大学理学院首次学术顾问委员会议的八位委员(图80),他们都在旅馆的大堂等候。我抵达旅馆时,第一位起来和我打招呼的就是张立纲院士。他自我介绍,并提到他的太太张象容,她是中兴大学比我高一级的学姐,我们一见如故。两年之后,我们成为同事,更结为挚友,他是我朋友中最聪明的才子,也是在事业上助我最有力的强人。

图80 香港科技大学理学院第一届顾问委员会议会后合影。(前排右起)陈长谦院士,吴瑞院士,D. Brown院士,J. Stuart教授,杨振宁院士,张立纲院士,萧荫棠教授,J. Baldwin教授。(后排右起)尤乃廷主任,王子晖主任,作者,钱致容副校长,谢定裕主任,陈显邦主任,朱孝颖主任(1991)。

这八位学术顾问都是风云一时的饱学之士,分别为：J. Baldwin，萧荫棠，张立纲，杨振宁，J. Stuart，D. Brown，吴瑞，陈长谦。两天的会议开得很成功，报告中他们提了很多有建设性的建议，可行也可贵。

在我主持理学院院长遴选委员会的时候，我和张立纲已经很熟了。他嘴里虽然说，他决定不来香港科大了，准备回母校台湾大学服务，可是不知道为什么，我的直觉或是第六感觉告诉我，他的心在香港科大。因此，不论他说什么，我仍然一味地为他办理来港的招聘手续。

我虽感失望，但不绝望。他在北京见到吴校长，也传达了同样的信息。但我总在心灵的深处，觉得他会来科大。这一年来有限的相处，我的直觉告诉我，他不会喜欢台湾当前的环境，种种情节他不会喜欢，也看不惯。虽然他说会低调地忍，但是我敢说，他忍不住。我多多少少了解一些他的脾气。我知道他是一位正直、爽快、敢说、敢做而又会路见不平拔刀相助的东北人。台湾大学为了吸引他，真是十八般武艺样样出齐，除了台湾大学孙震校长亲自出马游说他加盟之外，"中央研究院"的院长李远哲、他父执辈的李国鼎"资政"也加入了劝说他去台湾大学的行列。孙震、李远哲、李国鼎三位加在一起，无论请谁回台湾，我敢说，没有一个人能说"不"的，除了张立纲。他们三位加在一起，在台湾的学术与科技界的势力太大了，一位是天字号的好校长，一位拿到诺贝尔奖，一位是科技教父，没有人能挡住他们三位一体的影响力和他们的财力。

对张立纲教授，我半真半假地说："你若真的去了台湾，他们三个人，你一年也见不到几次，你来科大，我会天天和你在一起。"在以后的日子里，这个承诺成了事实，我们真的几乎是天天在一起。

我单枪匹马地代表科大向张立纲游说，为了统一口径、统一步伐，我请求校长准我全权处理，连他自己都不要介入，以免乱了脚步。这样的安排却没有使我觉得势单力薄，因为我知道张立纲周围的人都会帮我们游说他来科大。而且每当我触礁的时候，我都会去找他们拉我一把。我对他说，不管你如何决定，也不管你对我说什么，我仍会一如既往地争取你。在他经过香港去台湾的路程中，他不愿来科大面试，我说不面试，大家见见面、吃个饭总可以吧，他勉强答应。我邀请整个遴选委员会的全体委员作陪，先在科大七楼会议室集合，稍事寒暄，即去西贡匡湖居共进晚餐，谈谈笑笑，一如老友相聚，没有半点面试的气氛。我知道他的个性，如非这样，他会不高兴。

因为上述原因，在会议室集合再去匡湖居晚宴成了我们面试理学院院长候选人的形式。我们要一视同仁，不能有差别待遇。我们一共选了三位候选人，除他之外，其他两位，一位是理学院的系主任，一位来自澳洲。在来去匆匆的三次面试之后，我们很快选定张立纲教授为下一任理学院院长，吴校长马上批准了。我在圣诞节回美国度假、与家人团聚时，找了一天特别带着他的聘书，和内人从华盛顿坐火车去了普林斯顿，然后由陈镏教授夫妇驾车，去纽约他的家中（图81），将聘书给他。我更希望他能当场签署，近来由于陈镏也在其中游说他，希望是越来越大。可惜的是，在我到达他纽约家中的当天，李国鼎"资政"又打了电话给他，促他赴台大就职。他很难对他说"不"，不去台大。他的确是两面为难。晚饭后，他把我叫到客厅的一个角落，很恳切而又小声地问我："孔宪铎，我不去科大，会不会影响你？"这句话令我深为感动，至今难忘，历历如在眼前。事实上，他不来科大，是我失败了，这当然会对我影响非常之大，在感情上我也觉得自己像是一位败将，败下阵来。可是，理性让我不会为了自己的荣辱成败而强他就范，所以，我没有说话。从我脸上的苦笑中，绝顶聪明的他，当然知道我的心意。

第五章　身体力行：将"以人为本"付诸实践

图81　作者夫妇造访张立纲夫妇在美国纽约州的住宅。（右起）作者，张立纲院士，傅静珍，陈镏夫人，张象容，摄于张家门前（1992）。

他不签约，我还是恳请他收下聘书，再作考虑。在这一件事上，我已经是在坚石上滴水钻孔。在他家住了一宿，我彻夜难眠。次日归家之后，我很是失望，但仍不绝望，马上就去动员了他的朋友，再度作包围游说，也请了多位与他比较熟的系主任和他通电话；更忘不了找他的夫人，我大学的学姐张象容劝说他。她是站在我的战线上的，她很喜欢香港。

谈到我的这位学姐张象容，她在学生时代，可是鼎鼎大名的"名人"。在当时的同学中，她真是无人不知，无人不晓。她是现今所称的"名嘴"，能说善道，在我记忆中，她是我们当年那些学生中演讲比赛和辩论比赛的冠军。每次比赛，只要她参加，总是无往而不利。而且，她非常活跃，假期中的各项活动，都有她的参与。她在我们那些同学的心目中，是一位不折不扣的"偶像"级的人物。尤其她又是一位女性，更是令人叹羡。

上天不负苦心人，过了一些日子，张立纲院士终于签署了聘书，并在 1993 年 2 月 13 日抵港就任理学院院长。坚持和诚意、毅力和信心，是成功礼聘到他为科大理学院院长的最佳武器。"When there is a will, there is a way"，一点都不错。

他来了，吸引了一大批人加盟科大，比如雷明德院长就曾说过，不是张立纲在科大，他不会来科大。

他来了，在我科大的工作上，帮了大忙，成了我心理上的支柱。

他来了，在很多为人之道上，他感动了我，让我想和他一样去感动别人，以德服人。

他到了科大之后，搬入新居，和我成了近邻。我和他都是"太空人"，也都是"内在美"，这是科大创建之初的特别现象。创建科大的大部分先锋队伍，都是一个人先到科大工作，家属和子女们仍在美国。这就是"太空人"和"内在美"称号的来源。我们既都是只身在港，又是近邻，所以在一起的时间很多，而且，我们有共同的文化背景，有相同的生活体验：都是生在北方，都是在抗战和内战的战乱中长大成人。一个出生在河南，一个出生在山东，都在台湾接受大学教育，又都去美国深造。而且年龄相仿，他只小我一岁。他不喜欢的人，我都不喜欢；他以为应该做的事，我都赞成。因而，我们非常谈得来，意见相左的事不多，而意见相同的地方则不计其数。连在 1995 年 11 月中来科大面试的丁邦新都觉得："在很多问题上你的答案和张立纲院长的答案一样。"不但如此，连在政治上的喜恶，我们都是如出一辙。怪不得他的夫人、我的学姐张象容告诉我："你是立纲最好的朋友。"我深感荣幸。我们的脾气十分相投，他是我的知己，我们无话不说。在我身上发生最好和最坏的事情时，我第一个就去找他。1997 年，应召唤去台湾中兴大学竞选第九届校长的过程中，我在香港家里接到一封威胁生命的黑函，我第一个反应就是去找他，听听他的意见。

第五章 身体力行：将"以人为本"付诸实践

我和他两人在日常生活上很近，不但是住得近，我们的生活习惯也很近，都是北方人，都爱吃面食，口味很近，而且，我的厨艺比他高明，也比他勤快。我有时就下一锅面，请他来一起果腹；有时我们就一起去彩虹的一家北平馆子吃饺子；有时也一同去看看国语片的电影。

我们不仅日常生活上在一起，病时也相互照顾。我们有一位共同的医生查大夫，他精通中西医术。我和查大夫是在美国霍普金斯大学医学院认识的，来港后又巧遇。我和立纲每逢不适或需体格检查，都一起去找查大夫。在他择吉日开业时，我和立纲还一同送了一幅挂镜，以表贺意。

大概是在1994年初，一个周六的上午，我在办公室忽感胸闷，即电告立纲和尤乃亭两兄，安排校车送我去沙田中大医院急诊室。挂号之后，良久未见医生，立纲火气大发，抱怨他们不顾性命，然后我才得到诊视。不是立纲的催促，真不知要等多久，会有什么结果。

就是因为我们同时看病，我有任何不适都找他陪我看医生，他有任何不适也由我陪伴，因此，他告知我，他患有肝病，以及其可能的源头和病史。退休之后，为了医他的肝病，我托惠永正部长在北京介绍了一位中医肝病专家姜良铎医师。他去看肝病，我也乘机去治胃病，真没有想到，他到头来还是扛不过肝病。

除了吃以外，很多其他的社交活动，我们也都是同进同出。1994年，香港小姐（图82）选举，主办单位邵氏影业公司送票二张，请我夫妇俩参观。因内人不在，我约他同往。入场时，我出示请柬，上面写的是孔宪铎夫妇，可入场的却是我和张立纲，那个收票的人还多看了我俩两眼。

1994年的春夏之交，是他，也是科大的幸运之年。立纲在一年前加盟科大任理学院院长，4月底获选为美

图 82　张立纲院长与作者和1994 年度香港小姐谭小环（左）和活丽明（右）合影。

国国家科学院院士，5月应选为中国科学院海外院士，7月初入选为台湾"中央研究院"院士。真是好事连连，多项荣誉加身。大家都为他高兴，也为科大庆幸。在当时香港的八所大学之中，找不出任何一位比他更有成就、甚至接近他的成就的教授。他成了名副其实的世界级一流教授，而有了世界级一流教授的大学，总有一日也会成为世界级一流大学。

在科大出版的教员简介中，张立纲副校长所获得的院士头衔是来自：1. Chinese Academy of Science（中国科学院，1994）；2. Academia Sinica（"中央研究院"，1994）；3. US National Academy of Science（美国国家科学院，1994）；4. US National Academy of Engineering（美国国家工程科学院，1988）；5. Hong Kong Academy of Engineering Science（香港工程科学院，1994）。所以，世人称他为五院院士。在中国留学生中，获得五个科学院院士头衔的学者，为数不多，其中为众所周知的另外一位是冯元桢院士，他除了具有前列的 1—4 四个院士头衔之外，还是美国国家医学科学院（US National Academy of Medicine）的院士。实际上，在美国的学者能获得科学院、医学科学院和工程科学院三院院士的人士非常之少，中国留学生中更少，可能只有冯院士一人。在我的心目中，冯院士具有学者风范，拥有中国学者温良恭俭让的气质。我有幸在服务于香港科大时拜见过他们夫妇,对他俩非常敬佩和敬仰。

实际上,张立纲在诸多的学者心目中,早就成为"他是站在纯科学与应用科技间的罕见人才,一位不折不扣具有诺贝尔奖水平又从不沾名钓誉的科学家"。他自己从不炫耀自己,但他的孩子都在心里知道。"爸爸绝顶聪明,而又是成就非凡的科学家,我们无法与爸爸相比。"他的女儿彤禾(图83)有一次在台北这样对我说。对他的"从不沾名钓誉",我亲身感受很深,我和他是无话不谈的好友,但他从来没有提过他的这一连串的荣誉,世界级的荣誉。譬如说,1994年他连续获得美国国家科学院、中国科学院以及中国台湾的"中央研究院"三个院士头衔的奇荣之事,我都是从报章、电视和友人口中得知的,他从来未提一字。这三个院士头衔的来临,事前他都知道,他都不说。他不对我说,恐怕在家里也不对家人说。有一次他的夫人好像说过:"我不知道他的成就如此之大。"立纲之"从不沾名钓誉"的事实,我知道和我亲身感受的还不

图83 张立纲院士全家。(右起)张桐以,张彤禾,张立纲,张象容。

止如此。他走了之后,我们夫妇和友人吴仲容、汪黔生夫妇(图84)去圣地亚哥他的家中看望他的夫人张象容学姐。在他家中,无意翻看到他在中国改革开放初期随团访问中国时,与接见他的领导人的合影。有一张是和邓小平的合影(图85),这是难得的历史性的照片,他从来都没有提过或给大家看过,我在这里附上了这一张,是因为它有历史价值。立纲若是天上有知而不以为然时,我要说一句:"Leroy, Sorry." Leroy 是他英文名字,以前我都叫他 Leroy。

图84 (右起)山东建筑大学校长王崇杰,作者夫妇,吴仲蓉博士夫妇,綦敦祥夫妇(2006)。

我在这里特别提起这件事,是因为他做到的事,我没有做到。1997年我出版了一本自传,名为《背水一战》,描述我如何从香港纱厂的小工到香港科大的副校长的历程。大约是四五年以前,在山东济南一次聚餐时,我和一位山东临沂(我是临沂人)的名记者邻座。他很直爽也很礼貌地对我说:"孔教授,《背水一战》我看了之后,就买了一批送给朋友看,是一本值得看的书,你自己的成就与声望已经够了,用不着刊登那些与名人一起的照片。"我听了汗颜,我不如立纲。

图85　张立纲院士于1975年随团访问中国时,蒙邓小平先生接见。

其实,我的原意是感谢那些名人对我的提携,可是,读者容易误解你是在"提高身价"。

再者,就是有一天,我对他说:"今天我的银行户头上多了一笔款项,大约是十多年以前,我曾为一位济南的女教师的出国费用垫上一些钱。她到美国后,还了一部分,后来我来香港就失去了联络。现在她已学成归国,在网上找到我,并把余款还清了。"他听了之后说:"要是我的话,我就不要了。"

以上这三件事,他的做法不但比我高明,而且让我很感动。我受了他的感动之后,也会去感动别人。我开始觉悟到,人间的有些事情,是不能教的,不能以常态传授的,得去感动别人。"以人为本"的精神,更是不能用"教"去传授的,一定要用"感动"去传授。

我和立纲能在天命之年而后,很快结为挚友,是源于相互的感动。他的为人处事,深深地感动了我,我聘请他加盟科大的执著,也感动了他。在我们的友谊中,"敬"的成分和"情"的成分一样多。我很佩服他的为人、做事和治学。

与他在一起的时候，很自然地从他身上学到很多，他为人处事的方法和原则，我都很欣赏，更很佩服。他不是没有强硬的一面。譬如，我曾听到他对一个人说："我和你有相同的地方，也有不相同的地方。相同的地方是，你的长处我都有，不相同的地方是，你的短处我都没有。"他说话直率，没有几个能胜过他；他的象棋比我高明很多，和他下棋，不用几步，他就把我将死了。

他很讲义气，很够朋友，你有困难，他会拔刀相助。他深知我的长处，也了解我的短处，我的个性不够强硬，而在行政这一行业上，有时必须要靠强势，所以他常常要我"坚强一点"。我试着去做，当我在做不到的程度上行使权力时，他会自动给予帮助。有一位同事常常对我得寸进尺，有些地方他看不顺眼，他就对我说："S. D.，你告诉我你的底线，剩下的一切交给我处理。"他说到做到，这位同事也就知难而退了。

他也总是鼓励我。每当我完成一个任务时，如果做得好，他会拍拍我肩膀说："做得很好。"或者是："很成功。"虽然他的学识比我好，能力比我强，口才也比我出色。对在科大的工作，他非常支持我，当校长征询他的意见，问我是不是应该连任的时候，他很诚恳地说："孔宪铎和你的作风完全不同，但是，这正是一个很有用的互补，其结果是一加一等于三。"他是多么的宽厚。还有一次，我们在校长面前，我力主在教授升迁的审评上要从严处理，他马上就说："我全力支持。"

张立纲的学问好，行政能力强，令人敬佩，也使人生畏。他把理学院办得有声有色。他主持理学院的教授会议时，从头到尾，都是鸦雀无声。在一般的人看来，他是既严肃又威严，连有的院长都有此感。也有人会很关心地问我："你怕不怕他？"我一直很礼让

第五章 身体力行：将"以人为本"付诸实践

他，很佩服他，很信任他，但在心的深处从来没有怕过他。我信任他，他的钱存在哪里，我就存在哪里。他向哪一家公司投资，我也跟着。我买过一块土地，他不知道，我也替他算了一份。1997年，台湾的清华大学请他做校长，中兴大学请我做校长，最后他没有接任，我就没有去。我们之间的互信是很深的。毫无疑问，他是科大学术副校长的最佳人选。事实上，他在校长心目中的重量超过我，校长对他的礼遇也高过对我。我有好几次心灰意冷不想干了，都求教于他，他也都知道是为了什么，但他还是支持我干。他不是不知道自己的能力，也不是不知道校长和同事对他的信任，更不是不想做学术副校长，他只是支持我，并等着我的任期期满。我现在想想，很可能是由于他对我的支持，才使我的工作更顺利一些，因为别人也跟着他支持我。我任满之后，他继任时，总是不断地说："孔规张随。"他对我的"好"，今生难忘。

张立纲还有一点和我志同道合的是，我们都对中国有深厚的感情，都深爱我们的家乡和我们的祖国。他说，要是没有1997年的香港回归，他不会去香港。我也是，香港若还是英国的殖民地，我没有意愿去受殖民统治。张立纲为中国做的已超出顾问所能做的事，都是别人干不成的实际工作。他对提升香港政府对基础研究的重视，也起了很大的作用。

我在香港退休之后，开始花一半的时间，回到家乡——山东，在高等教育上帮忙。需要援助时，去找他，他都会一口答应。1992年，我在现在山东建筑大学的前身——山东建工学院担任名誉校长时，要为学校举办"名人讲座"，即邀请他前往主讲。他一口答应。不仅如此，他和夫人同往，不收旅费和讲课费，校方的同事们都非常感动。那次的"名人讲座"因为他和杨祥发、王康隆和孙震等人的号召力大，办得非常成功。

因为热爱中国，所以他出钱，他也出力。他和热爱他的家乡东北一样热爱我的家乡山东，他热爱中国的每一块土地和每一寸山河。他不只一次对人说过，虽然在美国几十年了，但总觉得是暂时的，该为中国做些有意义的事。虽然他在中国内地只生活了12年，而在美国生活了40年，台湾12年，香港8年，但他对中国内地的感情最深。他的夫人张象容最了解他，她说："他很想到内地旅行，想去内地很多地方。他在河南开封出生，回到那里好像有回家的感觉。他小时候在重庆住过好几年，回到重庆，也有回家的感觉。他对东北感情也是非常深，因为父母都是吉林人。"

张立纲的祖籍是东北的吉林省，他是吉林省九台县六台乡六台市张氏第十一代后人。1931年，"九一八"事变，日本侵略东北，张立纲的父亲张莘夫带着家人投入到祖国的实业救国之中，奔走于国内各地的矿山之间。因为父亲张莘夫在河南从事稀有金属的开矿工作，他在1936年1月20日出生于河南开封市。一年以后，抗日战争开始，日军很快入侵山东与河南，国民政府西迁重庆，刚刚一岁的张立纲随父母逃难到四川。他小时候在重庆住过好几年。日本无条件投降后，他父亲在抵达东北时，于1946年1月16日，在抚顺郊外李石寨遇害。内战蔓延，1948年，他母亲李芗蘅女士带领他们四位兄弟姐妹转抵台湾，安家台中，他就读于台中第二中学。由于超人的智慧，他从小就非常拔尖，脑快嘴快，是一个很有见地的人。在中学时代，他不但功课优异，口才也很出众，常常在演讲或辩论会上夺魁。台湾才子李敖的自传中还提到他们俩曾在比赛中一争长短，李敖的排名是瞠乎其后。

1957年毕业于台湾大学电机工程学系之后，张立纲留学美国。他曾对我说过，为了筹足出国的费用，他也尝到了人间的冷暖，几十年之后想起，还会心酸。他在美国于1961年毕业于南卡罗莱纳州立大学，获得电子电机工程硕士学位，接着就读于斯坦福大学，仅仅两年就毕业，获得固态电子/电机工程博士学位。光

第五章 身体力行：将"以人为本"付诸实践

阴荏苒，他在纽约 IBM 汤姆斯华生研究中心任研究员，及分子束外延部、量子阱结构部主任，一晃就是 30 年，于 1992 年退休。在 IBM 期间，他不但精于研究工作，而且具有科学上独到而灵敏的嗅觉，与合作者江奇教授（1995 年诺贝尔奖获得者）琢磨到了半导体发展的一个崭新的方向。他在 1974 年，首先研制出半导体量子阱及超晶格结构，成为其主要奠基人之一，并观察到其中的电子效应。他的原创性工作在这一领域产生了重大的影响，更重要的是开拓了许多重要的研究方向，为半导体研究工作开辟了一个崭新的领域，吸引了许多新的研究者，创造了许多新的产品。他在 IBM 和科大的同事雷明德教授有心地解释他的成就。雷明德说："张立纲研究的领域，对普通人来说都很陌生，可是，目前大家在日常生活中所接触的 CD、DVD、光通信，都是半导体激光技术研究应用的结果。张立纲是在这方面研究上最核心的成员。同时，他从事的研究，还为现在的纳米材料研究奠定了基础。"

这也就是说，如果当年没有他的研究，就没有现在的纳米技术。这样一说，大家就会感觉得到他研究领域的重要性和普遍性了。

为了表彰他在这一领域的贡献，美国国家工程科学院在 1988 年颁予他院士荣衔。

他在 1992 年 7 月 1 日自 IBM 退休之后，于 1993 年 2 月 13 日接任香港科大理学院院长，连任两届，并于 1998 年 10 月 15 日，升任为学术副校长。在他任院长的期内，大家都敬佩他在学术上的成就，喜欢他风趣的为人和爽朗的性情。他能把理学院办得有条有理，有声有色，兵强马壮，士气高涨，并非只是因为他的学养和为人，也并非只是因为他是一流的科学家，其实，他也是一位一流的大学行政人员。你只要去参加一次由他主持的全院教师都参加的院务会议，你就知道了。他除了有上述的品格之外，还有一种特别的威信或称威严，因为他反应迅速，讲话快捷，对人对事直话直说，毫不含糊。不管对谁，校长也好，工友也好，他都是有话就说，不在乎得罪人。

在他还是理学院院长的时候，为表彰他在学术上的成就，我们决定授予他"University Professor"头衔。首先，我们起草了一份规则和程序，再成立了一个审核委员会。我属意凡是委员都应该具有院士资格，大家都无异议。当时的三位委员是丁邦新（"中央研究院"院士），J. Mize（美国国家工程科学院院士）和G. Heienke（加拿大工程科学院院士）。符合委员会资格要求的人数不多，所以是一个虽小但很认真的委员会。委员们一致通过授予他这个头衔。当时合格的只有他一个人，因为一是要有极高的学术威望，二是要对科大作出杰出的贡献。好像在科大创立至今的将近20年的历史上，他仍是唯一合格的一位。科大没有"英雄榜"，将来要是有的话，他是第一名。此外，科大还在1995年授予他荣誉博士学位（图86）。科大人中具有五个院士头衔而又在科大被授予荣誉博士学位和University Professor头衔的，真是前无古人，后无来者。大家称他为世界级科学巨匠，一点都不错。

图86 张立纲院士（右二）获得香港科技大学荣誉博士学位后与作者夫妇合影（1995）。

他有肝病，经过台湾和香港专家们的会诊，最后决定由港大的专家们治疗。后来又因为副作用太伤身体，就停止治疗了。2000年的秋天，大家都支持他休假养病，于是他决心辞去学术副校长之职，专心在家养病。他极力推荐由我代理，但当时校长并不赞成由我代理，可因为他坚持，校长也就不再争辩了。他即使在病中还是没忘了照顾我。

在辞去职位之后，因为不再接受干扰素的治疗，不再有强烈的副作用，他恢复得很好。

回到美国之后，他在西岸，我在东岸，很少见面，但我们总是不断地通电话，一讲就讲不完。我女儿在多次与张立纲院长接触之后，对他很佩服。她于2007年在洛杉矶结婚时，还特别邀请立纲来。但没有想到，这成了我们最后的一次相聚。

Leroy，好好安息吧，你的家人都好，彤禾出的书，还获得两项大奖，真不容易。We all miss you! Always.

科大在创校之初，最重要的和最忙的事项，就是招兵买马，到处招兵买马，到世界各地去招聘比自己更优秀的人才。因此，科大在创办之初，成员都是来自五湖四海的留学生，都有博士学位。其中，有70%从美国回来，10%从加拿大回来，8%从英国回来，3%从澳大利亚回来。若以居住地来分，来自26个国家；若以国籍来算，来自29个国家；若以出生地为准，来自35个国家；若以民族来分，来自30个民族。他们从15个国家获得博士学位，70%从美国获得学位，在美国又以加州为最多。科大也是海峡两岸科技人员大汇合的校园，三分之一多生长在香港，四分之一生长在内地，六分之一生长在台湾。当然这种分布与比例，定会随着岁月而变动。

科大要招兵买马，就要遵从"Recruit the best people and keep them happy"这个原则。我自抵港之后，就时时思考如何找到优秀的，最好是比我优秀的学者，向他们游说征聘。在生物这一领域，第一个浮现在我脑海中的就是杨祥发（图87）。我在没到香港科大就职之前，就已推荐他为理学院的学术顾问了。现在"得寸进尺"，更希望他来科大任职。

图87　杨祥发院士夫妇（右二人）和作者夫妇（左二人）摄于山东建筑大学住处（2002）。

我们认识是在1973年的夏天，美国植物生理学会的年会在UC Davis召开，那时候我正在加州洛杉矶大学做博士后，随着老板Dr. Wildman和其他几位同事前往UC Davis开会，在会议期间与他相识。大家都是来自台湾，又都是研习植物生理学的，所以很容易交往，可是平时很少来往，只记得Davis的夏天，太阳很毒，热得要命。虽然又在其他校园，开同样的年会时相遇过，但记忆不深。只有在70年代的中期，为了调换工作，又巧遇UC Davis园艺系，也就是祥发兄任教的系里有空缺的时候，我曾致电与他查询详情，此后多少年来从未联络过。直到1991年春天，从报章上得悉他获得农业方面的沃尔夫奖，这是在农业上相当于诺贝尔奖的最高大奖。在中国留学生中，当时获得此项大奖的还有在数学上的陈省身和在物理上的吴健雄等，所以非常难能可贵。2002年5月中，我去天津南开大学接祥发兄夫妇来济南出席我在山东建筑大学主办的名人讲座并演讲，在南开时我们两对夫妇同去拜望了陈省身院士。我赠祥发兄一本我写的《背水一战》，他看到这个刺眼的书名就说："什么事情，如此严重。"从来没有人说过这样的话，他就是与众不同。

1991 年，我正在 UMBI 担任农业生物工程中心的主任，并兼任 UMBI 分校的副校长。看到他获奖的喜讯，我即致电向他道贺，并邀请他为 UMBI 正在举办的"名人讲座"的演讲嘉宾。另外请到的嘉宾之一为诺贝尔奖的获得者 Dr. H. Termin。祥发兄的演讲非常精彩，大家受益匪浅。散会时，听众掌声不断。晚上在家中设宴为他获奖庆祝。参加者有我们中心一位早期获得农业沃尔夫奖的 Dr. T. Diener 夫妇（图 88）。此后不到半年，我就去香港参加创建香港科技大学的工作，因为香港离台湾近，我常常去台湾"中央研究院"植物研究所开会，祥发兄和我又都是植物研究所的顾问，每次年会，我们都一同参加。加上在其他研究所的学术活动，我们见面的机会大增。1992 年 12 月，我应邀参加植物研究所庆祝成立 35 周年纪念。在会上和祥发兄一起吃住，晚上我找他聊天，就坐在三楼走廊上，互问长短，谈天说地。当大家都谈得兴高采烈的时刻，我借机向他介绍了一下刚刚成立的香港科技大学的现况和前景，因为祥发兄在 UC Davis 一气工作了 27 个年头，现在已经是功成名就，也该是换换地方和换换环境的时候了。于是我鼓起勇气邀他去香港科大任职，我说："你到了科大，我们一起工作，一起生活，一起教课。"现在我可以报告给大家，他来了科大之后，上面所说的三个"一起"，我统统做到了。我们一起教植物生理学。我教我的专长"光合作用"。我们一起编了上、中、下三卷 *Discoveries in Plant Biology*。我们一起生活，我们每周至少在一起吃两餐饭，每月在一起理一次发。还有来科大的访客特别多，每有重要访客，需要副校长出面招待时，我都请他做陪客（图 89）。由于这些缘故，我们在一起的时间很多，我这个学术副校长，在某个意义上成了他的服务员。

图 88　杨祥发院士（中）获沃尔夫奖时，作者夫妇（左二人）在马里兰州家中设宴庆祝，参加者有另一位获沃尔夫奖的 Ted Deiner 及其夫人（右二人）(1991)。

图 89　时任中国科学院副院长的许智宏院士（右）和夫人（左）访问香港科技大学和杨祥发院士（左二）与作者在招待所同进早餐 (1995)。

我都是照着"Recruit the best people and keep them happy"这个原则去做的。以前我所经历的感动,我现在就用来感动别人。

1992年12月的这个晚上,我们谈得很愉快,他以后在信上称这是一个"happy meeting in Taiwan"。使我高兴的是,我说服了他去香港科大,为此,他以后也曾在信上说"You were a powerful persuader"。更重要的是,他在信上写了一个结论:"Those 3 short years at HKUST(香港科大)were among the most enjoyable & productive years for Eleanor and for me."(附录一)

话说到了1993年,我一直是锲而不舍地盯着他,以求圆满完成这个篇章。到了1993年的2月以后,理学院的院长张立纲就到职了。以前只是我一个人着手办理此事,现在有了院长,我们就携手合作,玉成其事。我不再孤军奋斗了,而且张立纲院长和祥发兄很熟,也很敬仰他,他的夫人张象容女士还是祥发兄在犹他大学的同学,对他更是非常推崇。我几乎是每隔一段时间就和他通一次电话。也许是我打的电话太多了,造成一种麻烦,所以有一次我拨通电话之后,刚一开口就听到嫂夫人说:"又是你。"以后再打电话时,我和张院长就轮流换班。我们是在电话中完成了聘请他的各项必须完成的手续。首先是请到三名学者向科大推荐他,再请他邀约三位学者写推荐信。一般而言,像他这样的学界大师,几乎是无人不知,无人不晓,哪里还需要推荐信呢?可是,在香港的操作流程,一点都不能例外。他都一一照办,从未要求例外或略嫌不快。他颇有大将之风。收到这些资料之后,送到学校的审核委员会通过聘请。把这一切手续办完之后,已经是1993年的年底了。我和张院长就在年底去Davis看他并把聘书呈上(图90)。我还记得那天是由张院长驾车,他的速度可能是快了一点,我们由旧金山到Davis,比约定的时间早到了一会儿,他还穿着睡衣呢！那时，他是手术之后出院不久。嫂夫人做了丰富可口的火锅为我们的午餐，大家吃得不亦乐乎，谈得也很开心，并且决定了他在1994年初到香港科大报到的日期。我们回去之后，就积极地为他们安排并清扫住处。

图90　张立纲院士（右）和作者（左）共赴UC Davis，三顾茅庐，礼聘杨祥发院士到香港科技大学任职（1993）。

祥发兄夫妇于1994年3月1日抵港，有人带他去生物系他的办公室和我的办公室。我对我的秘书May说："杨教授是我的前辈，也是生物界的世界名人，他要有事找我，用不着事先预约，什么时候都可以到我办公室找我。他有什么事情，如打字和用车等，我们办公室都可以为他办理。"这是我从UMBC的校长Dr. Dorsey那里学来的。

他对我说，这里一切都很方便，环境也好，食堂又多。楼下学生食堂里的红烧牛腩面，价廉物美，他很喜欢。我也喜欢红烧牛腩面，自那以后，我每周都和他一起吃一次红烧牛腩面。有一天他问我，最近的理发店在哪里，我说在彩虹车站旁边。他又问我，彩

第五章　身体力行：将"以人为本"付诸实践

虹车站在哪里。我知道他对当地的地理位置和方向都不熟悉，我就说，到理发的时候，我带你一起去理发。从此以后，我每月都和他一起去理发店里理发。后来我才知道，若不是和他一起去，他不但找不到去的路，更不知道怎么回来。因为有一次，我们一同到中国科学院上海分院开会，夜宿在中科院的招待所，方便又便宜。在会期中的一个晚上，我和他二人同去上海最热闹的南京路去看夜景，那里真是人山人海，人来人往，热闹非凡。不过人上一百，形形色色，虽然没有遇到阻街女郎，可是到处都是阻街先生，问你要不要按摩，要不要换美金，等等，真是不胜其烦。走着走着，忽然间，下起毛毛小雨来，我们也就转身走上归途。祥发兄紧紧握住我的手，我对他说，两个大男人手握手干吗？他说："我怕走丢了，因为我不知道我们住的招待所的名字是什么，又在哪里。"他真是一位不食人间烟火的大科学家。

在香港科大的三年里，我们真是像兄弟一样地生活在一起。还有，我们和李凝教授（图91）以及他的

图91　李凝教授（右）与杨祥发院士（中）和作者（左）合影（1999）。

学生们，加上我的一位博士后和一位本科生，在每周二的中午有一个研讨会，讨论植物分子生物学的最新进展与现况。对我而言，这是在学术上难能可贵的充电。事实上，大部分的时间，是由我们三位植物分子生物学者在讨论、在争论。这对学生来讲，一是开开眼界，再者就是学习一些在学术争论上的心得。由于这一项努力，我、祥发兄和李凝三位以及学生等还在1999年和2000年发表了两篇学术论文，一是刊登在《植物分子生物学》（Plant Molec. Biol. 41：587-600）上，一是发表在《植物细胞和环境》（Plant Cells & Environ. 23：1169-1182）上，均属国际性的刊物。S. F. Yang, S. D. Kung, 和 N. Li 三个名字终于是经由学术而连在一起。

在祥发兄抵达香港科大时，我刚与康乃尔大学的吴瑞教授合编完一套两册 Transgenic Plants，由美国的 Academic Press 在1993年出版。同时我也正在着手编著一套 Discoveries in Plant Biology。祥发兄抵埠之后，我就请他与我一起合编，他欣然应允。这一套书，将多是有关植物生理的范围，被邀约的作者是植物生理界的元老。祥发兄和我都是植物生理学者，而且都为《植物生理学年鉴》的编委会邀请执笔写过论述。他写的题目是 "Ethylene Biosynthesis and its Regulation in Higher Plants"，刊登在1984年，第35卷，155—189页。我写的题目是 "Expression of Chloroplast Genome in Higher Plant" 刊登在1977年，第28卷，401—437页。所以我们两个《植物生理年鉴》的作者合作起来主编，从彼此相识的植物生理学界的元老中，邀请到28位专家在第一卷中写了21篇论文，23位专家在第二卷中写了19篇论文，32位专家在第三卷中写了24篇论文，第一、二卷于1998年出版，第三卷则在2000年出版，都是由新加坡的 World Scientific 出版社发行的。这三卷共动员了83位植物生理学家写了64篇论文。这些论文皆获得 Journal of Plant Physiology

（Vol. 158, No. 6. pp 815-820）的佳评，它认为："The different chapters not only provide excellent overview into the development of essential Discoveries in Plant Biology, they also help the reader to better understand the background, current status and future directions of the research in each of the covered areas." 这是我和祥发兄在香港科大合作共事三年的成果，他在生前也常常以此引以为荣。他写道："Furthermore, we co-edited and published 3 volumes of the renowned monograph series *Discoveries in Plant Biology*." 我更觉得能与他合编这一套书，是无上的光荣。

他是一位百分之百的专家学者，所以才能在象牙塔上攀登到塔顶。除此之外，在吃、喝、玩、乐上，他真是一点都不沾。有一年的10月10日，在香港的某一机构邀请我们这一批来自台湾高校的学者聚餐，在余兴节目中，突有歌后邓丽君出现献唱。大家都意外的激动。唯有他木然地问我："她是谁？""邓丽君。"我惊讶地回答。"她是干什么的？"他又说。我难以相信这就是现代的杨祥发，他真的与众不同。

他心地非常善良，更具同情心。生物系的同事，他一视同仁，从不耍傲气，更没有架子。无论谁需要帮忙，他都伸以援手。有一年，有多位同事升等受阻，其中一位托他写信推荐，他思考了良久，不得其解，就致电问我何去何从，我听完之后，很直接地回答说："据我所知，在此次升等中不顺的不止一人，假使其中之一人由于你的影响而过关，这样会对其他不过关的人不公平。"

他对我不止一次地谈到，他生为台湾人而不回台湾工作，内心诸多不安，对此我非常了解。正如我生为山东人，总是常常会去山东献上一份力量一样，何况台湾的"中央研究院"李远哲院长礼聘他出任学术副院长。我于公于私都不愿他离开。他在香港科大，很多人就说："杨祥发去的地方一定不会差。"科大以杨祥发为贵。他要回"中央研究院",我即使忍着泪也支持他。所以对他提出回台湾的计划与时期,我全部同意。其实,已经有人不止一次地说,甚至上报至院长:"孔宪铎眼里只有杨祥发。"我的标准答案是:"他(她)们若有杨祥发十分之一的成就,我保证会对他比对杨祥发还要好十倍。"

1996年的3月,杨祥发教授回到台湾的"中央研究院",8月1日即就任学术副院长。我们工作的地点分开了,人没有真的分开。

1997年,我回母校中兴大学竞选第九任校长,在南港都是住在祥发兄嫂的家里。他是鼓励我竞选的,还为我打气。可是,那个时期校园中的选举作风很不成熟,还有黑道的威胁。我于5月28日以最高票当选,并于7月20号抵台,21号下午3时去教育主管部门,3时半面试。遴选委员会里,分别是孙震、夏汉民、王友钊、罗铜壁、杨朝祥和两位大法官,一共七位。他们都是学界泰斗、社会精英,阵容雄壮浩大。我面对委员们做了10分钟的开场白,面试在非常和谐的气氛下很快就结束了。接着他们就面试位居第二和第三的候选人,即现任校长黄东熊和农学院长李承章。

从会议室出来,下了楼,看到祥发兄在楼下等我,我们一同回到旅馆。我告诉他目前的发展和放弃美国国籍将引发的后遗症,他是了解并支持我的。他很关心我的抉择,不论我选什么,他都能理解并支持。在我不知何去何从的时候,他像一位大哥一样地站在我的身后支撑着我,让我觉得不孤单。他不多说话,他让你自己去感受。他对你的爱心,会令你感受很深。

教育主管部门在当晚10点左右,选中了我。10天之后,我选择留在科大,亦选择退休后与家人同在美国颐养天年。10年之后,和当初一样,因为未能回母校服务,终生遗憾。

我的科大学术副校长任期完成之后,在1998年10月15日专任生物系教授和校长顾问。很巧,前一天我们都正在北京北大的勺园参加第一届海峡两岸植物分子生物学研讨会。这次会上，到会的有台湾"中央研究院"的副院长杨祥发、中国科学院的副院长许智宏、北大副校长陈章良和我。就是在这次会议上，我说："是巧合还是命运，今天在场的植物分子生物学家，担任行政职务者都是副手。到什么时候，才能有学植物生理的学者担任一把手？"这番话维持了不久，许智宏就当上了北大校长，陈章良就当了农大的校长，我和祥发兄都退休了。

1999年休假时，祥发兄即安排聘我去台湾"中央研究院"植物所为讲座教授，访问三个月，我就在1999年的3月初，到了南港，住在新建的宿舍里，办公室在植物所里。这三个月，我全心在研读中药的文献，又天南地北地去讲"中药现代化"，俨然一副中药专家的样子，还写了一篇当时很风行的《中药现代化》，在台湾两个杂志上刊出。在这三个月中，和杨家交往频繁，有的是在学术上，有的是在生活上。他邀请我在他主持的大会上作"中药现代化"的报告。有一个下午杨夫人 Eleanor 还特别来植物所听我作的报告——中药现代化。周末，我们两家一同登山或一同逛市场，还一同到中部台大的林场住了一宿。

祥发兄在1999年11月30日从"中央研究院"荣休，我们夫妇特地赶去参加，非常热闹，也非常温馨。我太太傅静珍还特意制作了一件纪念品，并附上新诗一首，以贺杨院士退休："往昔的欢乐记于心间，来日的理想有待实现。空间阻不了祝福万千，时光系住对你的思念。"其后，他搬回加州 Davis 老家，我们曾去拜访过一次，并在2003年约好两家在加州同度圣诞节。

当我确知马大和我的几位学生要在 UMCP 为我在退休13年之后办一个温馨的退休纪念会时，我首先向他征求意见，什么时间对他来说合适。他告诉我2004年的4月21日最好，我就采用了这个时间。不巧，他因要事去台湾，又不能赴会。为此，他特别写了一封很感人的信，至今我还保存着（附录一）。

杨祥发院士在1932年11月出生在台南市，日期不详，因为当时没有记载。他排行第十二，是老幺。上有五位哥哥，六位姐姐。详细的出生地址应是台南市东门城旁的瑞兴商行。父亲经商，拥有一家麦芽糖工厂。杨家的祖籍是福建的江府，现在的泉州。当初他父亲的麦芽糖生意很好，而后逐渐式微。在他三四岁时，父亲已转业做碾米工作，情况已大不如前。

他七岁进入台南市宝公学校小学一年级，三年级时，太平洋战争爆发；小学毕业前，由于美军轰炸，空袭警报很多，大家不安心上课；五年级时，母亲去世，即依三姐持家照顾他。为了躲空袭，他们逃到佳里大姐的婆家暂避。1945年8月，日本宣布无条件投降，他回到台南。那时物质非常缺乏，家家生活困苦，多靠三姐摆小摊为生。半年之后，即1946年的2月，他考进台南一中的"专修班"。在他初二的那一年，发生"二二八事件"。他幼小无知，不知发生了何事，以后所谓的"白色恐怖"开始弥漫。不管如何，他终于在台南一中初中毕业。高一时，大姐在台南繁华的银座区中正路上买了一幢大房子，他就搬去同住。此后大姐负责他的吃住，三姐则帮他张罗学费。他的童年充满了忧患。

高二时，父亲过世，从此，他就成了没有父母的孤儿。他对父亲的印象比对母亲的深。上了高中后，他开始非常活跃，功课好，人缘好，除了代表班上参加国语、英语比赛之外，还担任班代表。高中毕业后，他想离开台南，到外地以求自给自足，便和好友杨飞龙搭车北上，一同投考台湾大学农化系，两人都被录取。正巧在同年他们俩都申请到了台南第一信用合作社的奖学金，每月三百元。当时台大的宿舍包括伙食也不过九十元。他在美国学成以后，还把这一份奖学金还给合作社，用以奖助他人，成了当时的新闻人物。

大学毕业后，他和班上的另一同学考上农化系的生化组研究所。他喜欢研究工作，是来自个人的兴趣。

他觉得可以从研究工作中发现新的知识，具有挑战性，不愧为天生的研究奇才。在台大农化系研究所毕业后，班上同学为他申请到了犹他州立大学的奖学金，他就在 1959 年的 9 月 5 日搭包机赴美留学，在西雅图入境，全机的留学生就在此分道扬镳。带着姐姐为他准备的四百元美金，搭上灰狗巴士，两天之后到达州立大学的校园罗根（Logan）。到了犹他州立大学后，他论文研究进展顺利，指导教授 Miller 要他在两年内完成论文，再多留一年照顾实验室和研究生，这一年付他薪水。他的博士求学过程非常顺利，三年内一共发表了四篇论文，有三篇登在 *Biochemical Journal*，一份很负盛名的刊物上。他有这样的成就，不是一般人能够做到的。我是他的同行，我深知研究工作的难处，从这里看出，他一开始起步，就与常人不同，他用心，他专心，他思考得快，也思考得多，他在研究上，一心绝不二用，所以他生活在天王歌后邓丽君的时代，却不知道邓丽君是何人。在植物生理界，他的成就在全世界数一数二，在植物生理界，在全世界的中国人中，不知道邓丽君的人里，他绝对也是数一数二。

  拿到博士学位之后，他一共做了三个博士后，三年去了三个不同的地方。第一个是 UC Davis，名师出高徒，他的指导教授是 Dr. Stumpf，很有名气，我在多伦多大学读的生化课本就是 Dr. Stumpf 写的。他在一年内就发表了两篇论文，老板依他意愿介绍他到纽约大学的药理系。1964 年他又去了西岸的加州圣地亚哥大学。以一位外国博士后的身份，能在一年内发表两篇高水准的论文，不是一般人能够做得到的。他不仅是一位天才的科学家，他是一位科学界中的奇才，在年轻的时候，就表现出来了。

  离开纽约之后，使他放不下心的是他的女友 Eleanor。她有大家闺秀的气派，因为她长期在日本受教育，有日本女孩的温柔、有礼与谦和。一年之后，1965 年 4 月，他重回纽约去看她，她请他去她的住处吃饭，并

图92 杨祥发院士夫妇和他们的两位公子（1998）。

亲自下厨，让他觉得额外的温馨，他们在纽约有一段令人怀念的恋爱日子。他回到圣地亚哥之后，就向她求婚，她没直接回答，只是提议在当年 9 月择日在纽约结婚，这比什么回答都好。一言定终身，他们就是在 1965 年 9 月在纽约结婚的。一年之后，大儿子博文在 1966 年 7 月出生，三年后，老二宏文出生。一家四口，其乐融融（图 92）。

结婚之后，祥发兄就从 1966 年 2 月 1 日开始在 UC Davis 工作，直至 1994 年退休，共在 UC Davis 分校工作了 28 年又 5 个月。其间，他担任了三年的助理教授（1966—1969），五年的副教授（1969—1974），在 1974 年升为正教授，并在 1989 年至 1990 年担任蔬菜作物系的系主任。

杨教授学术地位崇高，因为他在学术上的贡献伟大。他在 1990 年入选为美国国家科学院院士，又由于在阐明乙烯生合成途径与作用上的杰出成就，次年（1991 年）就获得相当于农业诺贝尔奖的沃尔夫奖。1992 年入选台湾"中央研究院"院士，1999 年获香港科技大学荣誉博士学位（图 93）。此前，他早在 1969 年就获得坎贝尔（Campbell）奖，1982 年获 J. S. Guggenheim Fellow 荣誉，1985 年获国际植物生长物质联合会研究奖，1992 年获美国园艺学会杰出研究奖。一个更能永久表扬他突出贡献的是学界正式以他的姓氏（Yang）命名乙烯生合成途径为"The Yang Cycle"，使他不但是永远站在象牙塔的顶尖发着光芒，还会留名青史，万古不衰。

图93　杨祥发院士（中）在获得香港科技大学荣誉博士学位后与校长吴家玮（右二）及其夫人（左二）和作者夫妇（左一、右一）合影（1999）。

我在科大退休之后，即去山东济南的建工学院帮助他们在扩建和迁校上的发展。为了工作上的方便，他们的綦书记称我为名誉院长。在我为他们设计的多项工作中，有"名人讲座"一项，目的是为这一个名不见经传的学校作有效的宣扬。这个"名人讲座"中的一位名人讲者就是杨祥发院

图94　杨祥发夫人（右）和作者夫人（左）听取杨院士的学术报告（2002）。

士，以他所获奖项来说，他是中美两地的院士，又有沃尔夫奖，所以吸引力很大。这一"名人讲座"在2002年5月中旬开始，由杨院士领军首讲，吸引的听众很多。济南附近的高校，尤其是与农业有关的高校，都有人参加。他们大多都是第一次看到沃尔夫奖获奖者的庐山真面。从这张图（图94）上杨夫人Eleanor的笑容可以看得出来，他讲得不但引人入胜，而且引起了很多笑容，听众非常满意。

"名人讲座"的第一炮打响了。连山东大学的展涛校长在请我餐会的时候都说："希望山大可以和建工联合主办名人讲座。"举办这项讲座的效果不但是达到了，而且很好。

从2002年的5月份到10月份，杨祥发、卢毓琳、王廉隆、张立纲、孙震五位讲者分别从美国、中国香港、中国台湾前来主讲，这已是我所主办的第三个"名人讲座"了。第一次是1990年在美国的马里兰大学，第二次是1991到1992年在香港科技大学。没有一次不是成功的。

在这里，我们要知道杨院士对农业的贡献，首先要了解乙烯的功用。乙烯是一种气体性的植物荷尔蒙，与许多植物生理上的代谢有密切的关系。如一般来讲，蔬果、花卉在采收后，会加速老化，如香蕉变黄、番茄变红等，进而腐烂，失去价值。导致这种现象的主因，是植物气体激素乙烯的控制。植物在果实成熟，叶子黄化或掉落，花卉凋萎开始前，会产生大量的乙烯，乙烯会加速老化现象。乙烯是植物界花果后熟作用的媒介。杨院士发现乙烯生合成的过程，不但在植物生理上是一个重大的突破，更重要的是开启了植物老化生化与分子生物学的一个崭新又很重要的领域。植物生理学家就可以设法用基因调节乙烯生合成从而调节乙烯的生产。现在植物学家已用反义RNA的技术来抑制乙烯的合成，以此方法转殖出来的番茄，其成熟与腐烂的时间明显地延缓，从而减少采收后的损失。

同样，这种技术也已经成功地应用于康乃馨切花的保鲜。因之，他在国际学术界，尤其是在植物学界和农学界是有名的一代宗师。

另一方面，基因工程也可以把植物当做高效率的工厂来制造高价值的产物。像是现在的分子农作，用香蕉生产疫苗的医药化学物，一旦大量生产，则对人类来说的利益和收益难以估计，尤其是在"国以农为本"和"民以食为天"的中国，其影响不可限量。

一位植物生化学大师，在2006年走了，我没有去送他一程，因为我不想看到他走，至少这样，现在我仍可以装作如往日一样，只是两地相隔，久久不见了。S. F, we miss you, always.

李凝是生物系里另一位植物生理学家，巧得很，他和杨祥发一样，研究的主题也是乙烯。他的兴趣是乙烯信息的传导，属于遗传工程的范围，是植物生理和遗传工程这两个领域，把杨祥发、李凝和我联结在一起的。我们三位之中，李凝有一间实验室，我有一位来自北京的中科院遗传所的博士后，所以我们三位就成了一个植物生理小组。

在生命科学的领域中，由于朝向分子生物学的发展，以前在动物、植物和微生物上的分开，现在渐渐地消没了，传统上的动物系、植物系和微生物系，现在多合而为一，成了生物系。同时，由于在植物科学上的发展较慢，经费较少，所以在生物系里，从事植物研究的学者也越来越少。

李凝教授生于陕西，在北京林业大学毕业，之后赴美进入华盛顿大学（University of Washington）获得博士学位，留校做博士后。不久即去东部位于马里兰州Beltsville的美国农业部的试验站工作。我和他认识，就是因为马里兰大学的UMCP和其是近邻。他年轻力壮，一股子干劲，人也聪明直爽，我们三位在科研上就不谋而合，合作了三年多。杨祥发离开科大之后，这个项目也就自动地寿终正寝了。

我在大学里是习农的，出国后，到加拿大安大略省的安大略农学院的园艺系进修。研究的也是农业，以后虽步入植物分子生物学的大道，可是我对农业和植物都仍有一定程度上的关心。中国以农为国本，人民又是以食为天，可是，古今中外又都对农业不够关心，不但是教育不够，投资不够，农民的生活又是最苦，农产品又最便宜，就应了古训"谷贱伤农"了。这种周而复始，要到什么时候才能转过来，让农民翻身？

　　我很关心和同情农民，有一天农民能够富起来，国家就一定很自然地强大起来，否则，光是国家强了，贫富则会分成两极，不会有个很和谐的社会。

　　在现行的教育制度下，训练出一批工程师容易，培养出一批科学家也不难，可是要想教育出一代好公民，真不简单。所以在计划筹建科大之初，就在原有的工学院、理学院和工商管理学院之上，加设了人文社会科学院，以求平衡发展而满足香港今后开发之需，但是，只招研究生，没设本科课程。自1991年10月开学至1995年四年之后，校长和我都承认，在创办人文社会科学院上，我们失败了。因为在创办香港科大的首批创业的人员中，出身于人文社会科学的专家偏少，于是，奠基不够坚固。其最初的做法，现在看来好似是在沙滩上搭起一座高大的宝塔，没有坚固的基础和长远计划。事缘在创校之初从英国请来了一位院长，却在台湾请来了一批主将，由于东方和西方在人文科学上的文化背景不同，一直是将相不和，步伐不一，口径也不一致。这就走了第一步错棋。还不止如此，接着那时的副校长主导，在院长不知情的情况下，又请来一批世界级的文学、哲学和历史学界的大师。可是他们都无意在香港生根，这第二步棋又走错了。不到两年，从英国来的院长回英国去了，从台湾请来的大师也回台湾去了，至此，走的走了，去的又去了，本来就无意在香港生根的，当然没有生根，于是这个人文社会科学院成了一间空洞的大房子,以前来的老人留不住,未来的新人也不愿住。到了1995年,我们必须一切从头开始,必须一切从长计议。

有一段时间,科大也曾从 UC Davis 请来一位很能干的叶奚密教授,她既有才气,也有能力,在我出面央求下,勉强出任人文学部的代理主任。她也曾在我的直接支持下,大刀阔斧地解决了学部里一些相当令人头痛的问题。她很有魄力,也很有策略,不过做得十分吃力,连我都觉得十分操心。有一段时间,我天天都忙于在电话上与她一同处理学部里的问题。因为这样的做法实在不是长久之计,她不久就离开科大回 UC Davis 了。

我多次就商于校长,最后,下定决心,亲自出马,一切从头开始。重建人文社会科学院,也要从"以人为本"做起,院长是个关键,现任院长齐锡生教授(图95)马上任期将满,他是一位尽职而又守原则的好院长,可是他只做一任,下不为例。他的心是在研究和著作上,不想让行政工作占去他太多的时间。在同事间,他是一位直话直说的人(图96)。记得在一次会议上,他首先反对吴校长兼任海南研究所的所长。也正因为他的直爽,在校长上报、推荐我继任学术副校长时,我对

图95 齐锡生院长(右)和作者。

于自己应何去何从,很需要征求第三者的高见,就选了一位可信的同事相商,这一位就是他(图97)。他回去想了一宿之后,次日告诉我,为了科大,我应该继任,可是他最后却说:"要是我的话,我不干。"他话中的含义很明显,这项工作是吃力不讨好的。总之,一年之后,在1996年,必须有一位全职的院长。

图 96　齐锡生院长(右)和台湾《传记文学》主编刘绍唐(左)(1994)。

图 97　齐锡生院长(右)和张立纲院长(1993)。

第五章 身体力行:将"以人为本"付诸实践

在齐院长任期届满前,我们成立了一个遴选委员会,我亲自挂帅,以破釜沉舟之决心,一定要把人文社会科学院重新扶起,我不信找不到合适的人。既是要找人文和社会科学方面的领军人才,台湾"中央研究院"在这方面,早有卧虎藏龙之势,更有人才济济之实,值得探试。说做就做,于是我就去了台湾"中央研究院"访问才子。

图98 作者与张玉法院士(左)和于宗先院士(右)(1995)。

图99 作者与丁邦新院长(右)(2004)。

首先要感谢张玉法院士（图98），他在知道了我的来意之后，极力推荐一位名叫丁邦新的院士（图99）。我又去拜访了其他几位文史方面的知名人士，可喜的是，他们每位都异口同声地大力推荐丁邦新院士。我在"中央研究院"拜访了不下五位院士，其中有三位推荐的名字都是"丁邦新"。这令我有意外的惊喜。此外，我也去政治大学和邵玉铭教授谈了很久，也谈得很投机。

　　归来之后，我查出了丁邦新教授在伯克利大学办公室和住宅的电话号码，也查出了他的底细。人才难得，事不宜迟。第二天早上9点钟，算算时间，正是伯克利下午的6时，我拨了一通电话到丁教授家中，丁太太说："他仍在办公室里。"我很高兴，高兴的是丁教授是一位热爱工作的学人。于是我又立即向他的办公室拨了一通电话，那边即时传来了丁教授的声音，一口北方人的口音。我首先自我介绍，再介绍科大，他很直截了当地说，这些名字都没听过。他连科大的名字都没有听说过，我心里凉了半截。

　　不管如何，我还是大胆地向他说明来意，从他的声音中听得出来，我并没有打动他的心。我只有更进一步地说："我知道你是伯克利的讲座教授，继承了语言学大师赵元任的衣钵，假使你计划并满意于终生都在美国工作并退休养老的话，你着实不应该移动，因为再找不到比你现在更好的位子。可是，你仔细想想，生为中国人，假使你有心有意去为中国人作点贡献，而又不必在经济和其他条件上受制约的话，香港科大是你这一生唯一和最后的一个机会。"电话的那边像是深夜一样，沉静得没有一点声音。我猜，我的话，打动了他的心，或是触动了他的根。

　　我知道，我已经在他的心理战场上建了一个桥头阵地，于是得寸进尺地说："我希望你能考虑科大人文社会学院院长的位子。"对方传来的话是"我不会申请"，而不是"我没有兴趣"。这给我极大的鼓励，因

第五章　身体力行：将"以人为本"付诸实践

为他没有挡住我的进攻之路。当我进一步地紧追他的时候，他过了半晌才回了一句："我也不会去面试。"他真是实在。

过了两天，我又打电话给他，先是天南地北地聊了半天，知道他是生在苏北，我也告诉他我是生在鲁南，我俩的家乡近在咫尺，在地理上，与鲁南比邻的就是苏北。我们从电话中也知道了我俩是台湾预备军官训练班的同一期（第八期）。不仅如此，我们又都在复兴岗政工干校同期受过训，也同在驻守澎湖的陆军服务过。扯上了一层一层的关系，谈话就一步步地跟进。他仍坚持"三不"原则：第一，他不出面申请；第二，他不出面找推荐信；第三，他不出面应试。这些我都了解，不申请，我可以请"中央研究院"的院士推荐他，不找推荐信，我也可以请到和他相识的院士们写信，而且他们都很愿意。这些都有补救之法，但来科大面试这一关不能不过。我就央求他，找个周末，不用请假，飞来香港住一宿，见见面，没有形式。他答应考虑。

为进一步表达诚意，我告诉他，我决定专程去伯克利拜访他，恭请他，并安排我们在香港科大的会晤。可是万万没有想到，校长会在我的签呈上说"不"，实在没有道理。直到今天，我也不知道他为什么会这样做。

终于把丁教授来港的日程安排妥当了，是1995年11月20日，星期天。我按时在早上8点到来宾接待中心指定的房间去找他同进早餐。我轻轻敲门，没有回音，悄悄推门一看，床是空的。我的心忽然悬到半空，凉了半截。真是好事多磨。我后来从负责接待他的郑树森教授处得知，是飞机发生故障，误了点。丁教授已到机场，10点钟和遴选委员们座谈。

郑树森教授是一个夜猫子，深夜工作，深爱科大，别的院校请他，他都不去。为了人文社会科学院的前途，记不清我们曾谈过多少个小时。有时是面对面,有时是越洋长途。到现在我还记着他那份忧心和爱心。

10点整,见到了丁教授,松口气。座谈之后,大家都非常满意,他真是一位学人。依照常规,为他约见了所有在一般面试时应该约见的人。周一的中午,在他临行前,我们还有一个小时的会晤。他一进门就垂头丧气,坐下来直爽地对我说:"我来时的热诚至少有85度,否则我不会来。刚才和一位教授谈话之后,我的热诚度降到了60。"

我知道这位教授是谁,我也马上知道了为什么,这样的结果,我应该早就料到,但却没有想到。其实,这位教授是一位大好人,所以我才建议他们面谈的。我作了必要的解释,他这才松了一口气。

我亲自送他去机场,在路上,他还有顾虑,担心找不到接班人,会对不起伯克利大学,做了行政,顾不了学术,等等。他说,在很多问题上,我的答案和张立纲院长的答案一样。我对他说:我们不是串通过的。我还特别强调,不要担心接班人,请看一看,毛泽东之后的中国,不是变得更好吗?更不要担心研究分心,你可以兼顾,你已经是院士,除非想在今后创出奇迹。大家会心一笑。我更重新提到我对他今后在伯克利以及来科大工作和退休的计划。他在加州伯克利大学任职仅有七年,要有十年的资历,才可以退休。我站在他的立场,建议他向伯克利请假,不要辞职。我更自动地答应他,我会为他安排让他在适当时间请假回伯克利一年,完成那边要满十年才合乎退休条件的要求,好在加大办理退休。和我在聘请其他人才时一样,我不光是站在科大立场请人,我更要站在被请人的立场来争取对他们来说最大的合法权益。我一直忘不了"Recruit the best people",更忘不了还要"Keep them happy"。你在开始时不关注和顾及到他们的权益,他们即使来了,也会慢慢发现漏洞,失去快乐,从而走人。

第五章　身体力行：将"以人为本"付诸实践

丁院长来了，他于1996年7月1日就职（图100），并已经续任。科大的人文社会科学院也在香港教资会的考核中，在香港名列前茅。这又证明了，事事要"以人为本"。找他花费了心血，但是找对了人。

我写了这么多，这么详细，是在说明，人才难求，求之难得。

在识人上，一般来讲，我有一份特别的敏感，多半是来自我的直觉。直觉可以告诉我，

图100　丁邦新院长与夫人（1996）。

用这个人是对是错。虽然命中率不是百分之百，但的确差错不大。除非是有外力介入，那时，我的直觉不再是直觉。这对我在科大的工作，尤其礼聘大师级的人才时，实在帮助很多。譬如说，当科大在全力争取张立纲教授就任理学院院长的时候，虽然他三番五次地告诉我他的决心已定，要回台湾工作，可是我的直觉告诉我，他的性格和台湾政界的作风不合，最后，他还是选择来科大工作。

丁院长来了之后，也带来了生气。丁院长的学养比他的院士头衔还令人尊重。当然，他的院士牌子，在中国学者的圈子里，总是令人另眼相看。我们在公私两方，都处得很好，都是实话实说，二人相对总是相互尊重。他知道，我常常对人很诚恳地说："我请的院长都比我强。"我对这几位院长们，是处处让他们感到，我是从心里觉得他们比我好，从心里尊敬他们，不仅仅是光挂在嘴上，我是尽心尽力地要做到这个境

界。我自信做到了。我也从来不会让他们觉得我是他们的上司。

在丁院长上任两年之后（图101），那也就是1998年夏天，我履行诺言，让他请假一年，回到伯克利工作，满足在伯克利至少工作十年才能退休的条件，以便办理退休而享受全部退休福利。我履行了我的诺言，他也如此。对丁院长，对我，对科大而言，大家都是赢家。

图101　丁邦新院长（右）与图书馆馆长周敏民（中）和作者（1996）。

每个人都喜欢别人对他好，你能做到"以人为本"，每个你接触过的人都会变成你的朋友。

我相信，我和丁院长都会觉得我们是好同事，也是好朋友，一直到今天还是如此。

丁院长到任后第三年（图102），也就是1999年，根据大学教育资助委员会的报告，科大人文社会科学院在研究领域上的表现远胜其他本地院校，值得庆祝。不要忘了，这是一所科技大学。

第五章　身体力行：将"以人为本"付诸实践

图 102　院长定期会议后合影。（右起）丁邦新院长（人文社会科学院），高秉强（工学院），张立纲院长（理学院），作者，J. Mize，P. Dobson 和陈玉树院长（工商学院）。

我虽然是学生命科学的，但我深感人文科学的重要，然而一所科技大学里的人文社会科学院，在心理上有一份与生俱来的先天不足，很容易使人觉得其重要性不能和理、工和商并驾齐驱，我特别注意到和顾及到了这一项内外的心理。丁院长到任之后，他提出的几项要求都是从心理上出发的。第一，他要求，在校级审核委员会成员的名额，要从一位增加到两位，和其他学院一致。我答应支持他，但我还要去费口舌说服校长。第二，他要成立一个研究中心，我也一口答应了，然后再去和校长通融，一次不行，两次，两次不行，三次，也终于通过了。对我的用心，他很心领，因为直到如今，他还为这些事情向我致谢。我都不记得了，他还记得，很难得。

我一开始就深深地感到人文社会科学的重要，也深知人文社会科学的复杂，因此，我对这个学院，不管是在人事上，还是在财务上，都特别照顾。因为他们不招收本科生，有的学院就觉得他们教授的名额过多，常常吵着要削减他们教授的数目，我全力地顶住。非但如此，我还特别拨出一个教授的名额，让他们长期聘请一位驻院的艺术家，大家都受益，尤其是全校的学生。

人文社会科学院的教授名额虽少，约占全校名额的十分之一强，但麻雀虽小，五脏俱全，其中不乏奇才。在2001年底我退休的时候，全校教员的名额是465位，理、工、商和人文社会科学院分别有120位、153位、140位和52位。

近五六年以来，我在内地高校到处演讲的题目，多是与科大十年有成有关。而在每次谈到科大时，总会有人问我，你当了七年多的科大学术副校长，总结起来，你对科大最大的贡献是什么？我的标准答案总是："我聘请了四位院长，都比我强。"第一位是理学院长张立纲，他有中外五个院士头衔。第二位是人文社会科学院院长，他是台湾"中央研究院"院士。第三位是工学院代理院长，J. Mize，他是美国国家工程院院士。第四位是工商管理学院院长陈玉树，他也是我在任学术副校长时任命的，他现在是岭南大学的校长。

没有错，他们都比我强。四位院长之中，三位共有中外的七个院士头衔，另一位院长现在已经是大学校长。他们有的成就，我都没有。在任何一个团队中，最重要的不是资历和经验，而是同心协力的团结。我们在一起非常团结，我们能够做到这一点，关键是，在我心的深处，我实在觉得他们都比我强。我不仅非常敬重他们，而且我从未把自己领班的位置看成官位。我是为他们服务的，做不好，则是责任在我，不在他们，做得好，是他们的功劳。我想这就是为什么我在退下学术副校长的位子之后，从一个旁观者的眼里忽然看到这个位子是有多大的权力，天大的权力。我就问自己，为什么我在位的那七八年，我都不觉得，好像根本就不知道，非但如此，而且天天在担心，恐怕事情做不好。这也就是说，我想到的都是责任，不是权力。

第五章　身体力行：将"以人为本"付诸实践

工学院院长不久出缺，也有人利用这个机会做文章。有几位直人直话型的系主任，内心里一直不满太多理科的人入阁，也借着这个机会联袂向我抗议，说我对工学院和院长不公平。

首先我要物色一位工学院的代理院长，校长完全放手让我主导。我照例首先考虑多位系主任，问题是想做的人不见得合适，适合的人又不见得愿意做。我忽然想起化工系有位刚刚来的访问教授，我和他虽只有一面之缘，却是印象很深，而且我知道，他在美国有很丰富的行政经验，有所大学曾考虑他当校长。于是我就登门拜访。谈了两句话之后，我的直觉告诉我，他就是我要找的人。我用中文下意识地对自己说"就是他"，好在这位美国朋友听不懂。我绝对信任自己看人的直觉和眼光，没有浪费时间就单刀直入，开门见山说明来意，也没有等他答腔，就说请他代理工学院长。他的两只眼睛忽然睁得很大，嘴巴张得更大，过了半晌才说："你说什么？我不知道你是谁，你也不知道谁是我。"我笑了笑，握着他的手说："请你好好地考虑，我们明天再谈。"

Mize（图 103）所说的"我不知道你是谁"是对的，我们从前只有一面之缘，他当然对我不熟悉。但是他所说的"你也不知道谁是我"，就不完全正确了。因为我还记得，在当初，化工系请他来科大任访问教授的时候，还有一段插曲。那就是，校级的评审委员会，没有通过他的任命。我看了报告之后，就去查询真相，因为他是美国国家工程院的院士。据告，是因为有一位斯坦福大学的华裔教授，在评审这项任命时，觉得当时科大需要的是有学术成就的学者，可以带领学生向学术方面发展。可是，Mize 的成就是在实用方面的，这不是科大现阶段的发展方向，因此，Mize 虽身为院士，也不适宜。为此，我还在回马里兰大学时，特别去拜访马大工学院院长 Dr. G. Dieter，因为马大的工学院很强，而且其院长与我在马大同事，在多次

图 103　工学院代院长 J. Mize（左）与作者（1995）。

开会时，我俩还曾争论过。在马里兰州的经济发展上，农业重要还是工业重要，他代表工业，我代表农业。不打不相识，我们是由在会议桌上的争论而相识。彼此互相尊重，成为朋友。他还在去中国访问时，途经香港，特来科大参观和看我（图 104）。

图 104　马里兰大学 UMCP 校区工学院院长 Dr. G. Dieter（中）访问香港科技大学与作者（右二）和工学院院长张信刚（右一）等合影（1994）。

第五章　身体力行：将"以人为本"付诸实践

　　在我向 Dr. Dieter 咨询 Dr. Mize 的背景和成就时，Dieter 对 Mize 非常推崇，特别指出，Mize 在美国工程学界的知名度很高，成就很大，极获大家的爱戴。应我的要求，他为 Mize 写了一封措辞诚恳又很推崇的推荐信。回到科大之后，我就向校级评审委员会报告并加以说明，由于 Dieter 的推荐，Mize 过关了。我在这里描述此案，是让读者知道科大在聘请教授包括访问教授时的严谨，一点都不马虎。

　　第二天一早，我又去找 Mize 教授（图 105），美国工程院的院士。他不知道为了他在科大校级审核会过关，我还到马里兰大学找工学院院长 Dr. G. Dieter 写了一封推崇他的信，我不但知道他是谁，而且还对他很敬重。我一推门看到他的笑容，就知道胜算已经在握，果然不错。当消息传出之后，有位副校长对我说："你是不是发疯了？"这也难怪，我这次选人，出乎常情，可是我选的是对的人。以后事实证明，我选对了，我看人看准了。他不但在代理工学院长的职位上做得出色，后来还晋升为研究发展部的协理副校长。选中他的，就是问我是不是发疯了的那位副校长。

图 105　Dr. J. Mize 院士（右）与作者参加节日庆祝会抽到奖品相拥庆贺（1996）。

Dr. Mize 不但在代理工学院院长职位上表现得出色，人脉也很好。同事们对他不但喜欢而且信任。很快，我们就从同事而结交为好友。他对我的鼓励很大，他是我在学术副校长位子上时，极少的对我说我干得好的同事之一。不论他是在什么位子上，代理工学院院长也好，升任协理副校长也好，我和他交往不断。他总是鼓励我说："你为科大付出了很大的心血，远远超过别人的想象，希望校长能够心领。"他知道校长给我的压力大于鼓励。我只记得校长在从加州养病归来之后，那是 1995 年的圣诞节之前，发了一个 e-mail 给我，大致是说，以前我每次出差，都常常有事，发多次 e-mail 给你，这次请病假的时间很长，只发了一次，你知道这是说明什么？也许这就是校长用他的方法说 "你办事，我放心" 了。不管如何，这封短信给我很大的鼓励。

只有一个使我觉得非常遗憾的事，是他在离职之后（图 106），我有事需他在我办公室帮忙，不知为何，他来了不久就回到了美国去，可能他夫人不愿离开家乡。分别之后，经常在电话上沟通。2004 年 4 月 21 日

图 106 香港科技大学三位副校长餐会。（右起）行政副校长 P. Bolton 夫人，协理副校长 J. Mize 夫妇，作者夫妇，P. Bolton。

马大和我的学生为我办的退休晚会上,他们夫妇提前抵埠,并在家里和其他远道的朋友聚餐,大家相见甚欢(图107、图108)。

图107　好友们来参加 UMBI 我的退休晚会。(右起) J. Mize 夫妇,傅静珍,从香港来的卢毓林,李凝,叶玉如。他们在前一晚在孔家晚餐(2004)。

图108　J. Mize(中)和 Betty & Helen 在作者家中后院的凉台上(2004)。

在四个院长职位上任职的同事们，前前后后的七年中，共有八位（图109），我和其中的六位都成了朋友，有的还是极亲近的挚友。人与人之间的关系是不能伪装的。我只要到洛杉矶一定会和王康隆夫妇餐聚，只要经过旧金山一定和丁邦新夫妇餐聚，只要到上海一定会和齐锡生夫妇餐聚，到了香港就会去找陈玉树和雷明德夫妇。和Mize多以电话联络。立纲走了，可我一直与他的夫人保持联络。

图109 作者家兄来香港科大探亲时，邀请各位院长和夫人共渡我的60岁生日。（从右至左）前坐者：张立纲院长，胞兄孔宪佐，作者，梁思薇。后立者：陈玉树院长夫妇，张象容，杨祥发院士夫妇，齐锡生院长，J. Mize院长夫妇（1995）。

在科大的理、工、商和人文四个学院的院长中，于1991年开学之时年纪最轻（不到40岁），而后又任职最久（1992—2002）的是工商管理学院的院长陈玉树（图110）。恰巧，这个学院也是科大十年有成的领军人物，其EMBA专业曾在2007和2009年两次列为全球第一，连美国哈佛大学的EMBA都瞠乎其后。陈玉树是和我同事最久的一位院长，他对科大功不可没。我在1991年到职之时，他已经在科大了。科大的初期,商学院是与加州洛杉矶大学合办的,院长系由加大院长挂名。由于中国学者习商的不多,创办之初,人手不足,即是加上由加大派来的兼职人员,仍感人手不够。当我第一次去商学院出席座谈商讨延聘人才大计时,到职的专职教员,实在寥寥无几。我能记得起来的,只有一位年轻的助理教授谭嘉因博士(图

图110 陈玉树院长(左)和诺贝尔经济学奖得主 Dr. R. A. Marcus(1994)。

111),现在他已经是协理副校长了。这种情形给我留下极深的印象,亦让我深深地体会到商学院人才缺乏的严重性。那时商学院的院长名义上是加大商学院院长 Dr. C. La Force Jr. 兼任的,并派遣了 Dr. E. Scalberg 到科大担起实际上的责任,外加陈玉树的帮助。陈玉树的本职是财务系的主任,他出身香港,为

图111 作者(右)和谭嘉因(左)(1995)。

南加大的讲座教授，年轻，上进，有为，才 30 多岁，正是前途无量，作为创校者之一，在 10 年内由系主任而院长（图 112）、代理学术副校长，现在已是香港岭南大学的校长。

图 112　陈玉树院长夫妇（右一、右二）和作者（1995）。

陈玉树是一位专心耕耘的学者，遇到风调雨顺就会大有收获。他所创立的工商管理学院一步登上亚洲第一的宝座，而 EMBA 专业两次列为世界榜首，陈院长功不可没。

当时，我才接任学术副校长，最花时间和心血的就是工商学院。那时有两个问题，必须及时解决，一是如何能让陈教授虽不在院长的职位上，却能为商学院的延聘教职人员献策并作主。我千方百计，刚柔并用，在不冒犯加州大学的原则下，把这一项职责从 Scalberg 手中转移到陈玉树的手上。说来轻松，做来辛苦，我花了许多心思、精力和时间，像是剥皮一样难，才达到了这个目的，把他送上接任院长之路。陈教授主持商学院的招聘之后，情况大有进展，应聘者的资格和素质也开始提升和划一。马上要解决的是第二个问题，那就是如何解决商学院人才和薪俸与市场供需的问题。在美国，一般来说，不同的学科，有不同的供需，不同的训练，最终构成了不同的报酬。譬如说，医高于商，商高于工，工高于理，理高于农，农又高于文，等等。可是这种差别，在香港并不存在，各行业之间的薪俸一律平等，一刀斩平。为了适应国际市场，尤其是美国的市场，商学院就必须有一定程度的例外，这个例外，在我和陈玉树院长的百般陈情下，校长终于答应可以通融，但要有一定的限度。就是这个限度，让我头痛不已，因为商学院要求的很多，需要的很多，而校长答应的很少，因为他把关很严。我是不折不扣地被夹在中间，而上下又都各有道理。为此，我感到很苦，因为我很想帮院里的忙，而且，把商学院建好，也是我的责任。在这一段日子里，我和陈玉树天天见面，天天在一起商讨如何把商学院办好，办好的先决条件，就是招聘到好的教授。陈玉树很快就被聘为院长了，当时的征聘委员会虽非由我主持，但他仍是在我的推荐下任命的。我们是在一起工作的人，从来没有感到我们之间有主从之分。而且，我和陈院长一起工作，或者是说陈院长有事找我的时候，比其他三位院长找我的总和还多，因为当初在香港科大创办商学院，比其他三个学院都难。招人很难，商学院的教授，最初大都是欧美人士，这一点是和其他的三个学院不同的。因此，科大的商学院就变成在科大最国际化的学院了。

我和陈院长（图113）手携手走过这一段艰难的时期，尝到了创校之苦，也尝到了成果的甜蜜。对于这一段同甘共苦的岁月，我们特别难以割舍，于是在我任满退下学术副校长的位子时，陈院长首先带他院里的副院长以及全部系主任及他们的夫人，为我道别，并感谢我对学院的全力支持。那份真情善意，至今记忆犹新。真情是假不了的。

陈院长如今已是岭南的校长了，也已经多年不见

图113 陈玉树院长（中）和 Dr. R. A. Marcus（右）（1994）。

了，他托人捎信给我，希望我今后途经香港之时，一定和他联络。我拨了电话给他，并答应他下次过港，一定与他聚会。我每次想到他，就像想到一位挚友一样。

回顾在学术副校长工作岗位上的七年，深深觉得在处理理、工、商、文四个学院的工作时，性质上各有千秋，同少异多。我花在工商管理学院上的工夫最多。陈玉树院长找我的次数也最多。一来是工商管理学院与其他三个学院不同，自成一格，二来是留学生中习工商管理的实在不多，人才难求。再者就是，既然言商，讲价还价的事也多，毫无疑问，是受了供需的影响。每位教授的薪俸都必须再三商榷，他们像是战场上的尖兵，寸土必争，在争论的时候，又多是以美国为标准。不过校长也有对策，把各种优于美国的福利折成现金，拆拆算算，凑凑拼拼。达成协议的时候，与原来的标准并没有太大的区别，但却满足了人心。

人，真是不兜一个圈子，不会死心。

再者，就是人文社会科学院，教员的人数最少，在初创的日子，烦人事最多，也许是因为学科众多，分支太散。到我办公室登门抱怨的不断，到院里、到系里抱怨的次数更不用提，而且争论的又多是以"人"为焦点，不是有人处事不公平，就是有人在捣乱，大大不同于别的学院。有一次我向人文社会科学院的学术顾问、台湾清华大学文学院前院长李亦园教授问及此事，他笑笑地对我说："这就是人文社会学院。"文人真是不简单。

　　工学院最大的怨言和顾虑，就是科大高层决策者都是学物理的，校长和在我前后的两位学术副校长也都是物理界的，一定偏心，重理轻工。这一点工学院的同事们会不保留地处处表明。所以我在任内花了很多口舌向他们解释。因为我也是学理的（好在学的不是物理），而且又是理学院院长出身，更花了很多精力在人员和物力上，按实际情况年年调整。但这并没有完全消除这件事背后的心态，只不过是把抱怨的焦点，从不公平转到不尽力。但我已经为了顾全大局逐步改善，尽了最大努力，无私也不偏心。相反的是，理学院抱怨调整得太急，把既定的规模缩紧得太小，把已经分配下来的名额拿回去得太多，使他们无法喘息。另外，在初创阶段，理学院最大的抱怨是实验室的装设太慢，仪器无法设置，更糟的是，试验材料与药品没有想象的方便，更不如在美国那么方便。

　　他们从学院的立场而言，对校方行政方面有不同的抱怨。我对校方的各种一成不变的死板规章也有怨言。我早在前面已经说过，人事和会计的设限太多，出了问题，他们光会去找错，没有人敢担当解决。事实上，有很多规章制度，是我们自作自受。尤其是校方行政当局，在用钱方面是既小气又啰嗦，出差、住宿、发津贴，在处理上都不大方。怪不得有一次张立纲院长在出差归来后，抱怨说："科大没有善待我，虽然吴家玮和孔宪铎待我不错。"我知道他在美国任何大学，学校对他在待遇上、福利上，包括出差住宿，都会比科大好得多。

　　至于在人员的组成分布方面，理学院的教授们多是来自内地与台湾；工学院的多是来自香港、内地与台湾；工商管理学院则以欧美人士为主，其次就是来自香港；而人文社会科学院的分布则很平均，国外和内地、香港、台湾都有。但是从各院的行政班子上看，在创校时期，理学院和工学院多来自台湾，工商管理学院多来自香港，而人文社会科学学院，则是各路人马，来来去去。有人不止一次地问过我，这样的形势，在用人上有没有地域上的偏私，我不敢保证完全没有，因为虽然形式和法规上不允许，但是在程序上你抓不住。我不止一次地扪心自问，即使是在我的心中，我的感觉是"有的"，我也找不到、拿不出证据。有人向我抱怨诉苦，但也是拿不出证据。

我是研习遗传的，从优生学的观点上讲，基因来源的幅度越广越好，基因组成的内容越杂越妙。像日本那样在种族上保守的，不是好事。在这方面最开明的是美国，美国才能样样领先，样样执世界之牛耳，包括诺贝尔奖和实用的科技。引用这些例子是想说明不要把地域观念看得太重，有人在口头上倡导"本土化"，我实在不懂是为了什么目的。你是要前进，还是要后退？

科大会不会脱离创校理念，不再着眼世界？我希望不会。科大的基石，既是"以人为本"，又有"游戏规则"，才能选了创校和继任校长吴家玮和朱经武两位教授。他俩都是具有国际观的国际名人。我想香港在科技和教育上也不会"本土化"，在创新科技上，两位带头人，田长霖和王佑曾教授，哪个不是国际上活跃的国际名人？在教育上，更不用讲，多位过去和现在的大学校长，也都不是本地人。

不管是从哪里来的人，在创校那群先驱中，少不了有一些人具有双重资格："内在美"和"太空人"。到今天为止，这样的还大有人在，他们家在美国，人在香港，以科大为家，日夜工作，对科大的贡献不可磨灭。有时，我在校园里夜晚碰到他们回家，心里总有一份说不出的感激。

我在香港科大的职责，不仅是招聘人才，同样重要的是要留住人才。在我的座右铭"Recruit the best people and keep them happy"上，很明显地写着这两项

第五章 身体力行：将"以人为本"付诸实践

任务，先要招聘到一流人才，然后再把人才留住，让他们都变得乐不思蜀，所以留人也是很重要的职责。我在《我的科大十年》中，所举的留住人的第一个例子，就是林毅夫教授（图115）。他是一位国际知名的农业经济专家，也是北京大学中国经济研究中心的主任。我们工商管理学院想要礼聘他为经济系的兼任教授，半年在北大，半年在科大。由于他的声誉和系里与院里的力荐，我和校长都特别批准。林教授加盟科大之后，做得出色，又受师生的爱戴，科大对他非常重视，我也就认识了他。但是由于他是兼任教授，每年申请来港，颇费周张，至少要花上半年的时间才获批准，有时要等到快开学之时。他生怕误了为学生上课，将此事向我陈情，我十分了解和同情林教授的处境，就在职权内把他的聘书由兼任改成专任，然后每年特准给他半年的无薪假期，以便回北大工作和教书。这样一来他就可以进出香港，来去自由，用不着每次申请，费时烦心。直到他在北大的工作太忙，辞去这份兼差为止，他在科大是唯一享有这份礼遇的教授（图116）。

图115　林毅夫夫妇（右一、左一）和作者夫妇（2008）。

图 116　林毅夫教授在香港科大毕业典礼中。

他在科大的半年中，不论是他一人，还是夫妇俩都在，凡是逢年过节（如中秋节等），或是任何假日，我和太太都邀请他们夫妇来家和我们分享与同庆（图117）。有时有来自台湾的访客，尤其是在农业方面的

图 117　林毅夫（正面），其左为张立纲院长，图左侧影是吴家玮校长，大家在作者家中餐聚。

第五章　身体力行：将"以人为本"付诸实践

图118　林毅夫和来自台湾农业委员会的客人在作者的办公室留影。（右起）农复会前主任王友钊，作者，台湾大学园艺系前主任，前农委会的毛育刚，高欲新，林毅夫。

图119　作者夫妇（右一、右五），张立纲院长夫妇（右二、右三），林毅夫（右四），蒋震夫妇（左一、左四），主人邓显裕医生（左二）。

专家们，我也特意请他参加我们的餐会，以叙思乡之情（图118）。还有一次，好友邓显裕大医师的儿子成婚，在新界元朗家中以乡俗设宴招待亲朋，我们也邀请林毅夫教授和我们大家一同赴宴，朋友们对他都礼遇有加，大家非常高兴（图119）。

有一天，我在报上看到林教授丧父和他能否返台奔丧的新闻，我即专门去他办公室以示吊念，并付吊金。他不便返台，也退回了我的吊金。有几次，台湾清华大学校长沈君山安排，请他返台演讲，我都劝他不要冒险。和他交往多了，对他更为敬重。他的谈吐和举止都不平凡。

我是学习农业的，他又是农业经济学家，我们除了在教育上之外，在农业上也有很多的共同言语，尤其是在1996年的前后，美国的布朗（Lester Brown）先生高叫"谁来养活中国"，引起一阵子非常广泛的争论。我在1996年8月14日的明报上发表了一篇《谁来养活中国》，林所长看到了，很有兴趣，我们有好几次，围绕着这个题目探讨。也是在1996年，他写了一篇《解决吃的问题》给我看，我只提了一些微不足道的建议。当我在当年11月20日的明报上读到这篇文章时，我居然也成了作者，心里至今不安。由于在那一段日子里，"谁来养活中国"变成一个热门话题，我一时心血来潮，居然大胆地编了一本《谁来养活中国》，在香港由明报出版社于1997年出版，文章作者多是农业方面的专家和学者，有农业部前部长何康先生、中国农业科学院前院长卢良恕先生、中国农业大学前校长石元春教授、中国经济研究中心的林毅夫所长、美国农业部的左天觉先生、清华大学胡鞍钢先生和本书作者等十多位，阵容可算是强大。

我自科大退休之后，常到北大，总是抽空去看望他，他总是很客气地尽地主之谊。他的研究所的所址很美丽，古色古香，是一座近代的史迹，令人羡慕。以后大家熟了，其他人都知道我们的友谊，所以有时

第五章 身体力行：将"以人为本"付诸实践

北大请我演讲，在宴会上也都请他作陪。

在美国，我家住马里兰州，距华府只有30分钟的车程。前年年底，我知道林所长已就任世界银行第一副行长和首席经济专家，我致电他的办公室，他回电约我在12月30日中午餐聚。我们到达他办公室时，他正在打电话，他的夫人看到我们，即夺门而出，给我一个热情的拥抱，并对我说："孔校长，你在我先生没有成名之前对他的关照和礼遇，他感激终生。"陈云英女士的话令我感到人间的温暖。我受过别人很多的感动，我也很高兴能去感动别人。

看到他们夫妇，有如他乡遇故知，格外高兴。林毅夫，原名林正义，1952年生于台湾省的一个小县城宜兰，19岁考进台湾最好的高等学府台湾大学农工系。一年后，投笔从戎，又考进台湾的陆军军官学校。他的此举，当时引起轰动，并为军队树立了青年楷模，当选为十大杰出青年。1975年，林毅夫以全校第二名的成绩毕业，军方保送他到台湾政治大学企业管理研究所攻读MBA，成为在台湾早期获得MBA的少数人士之一。1978年毕业后，他被选派到距大陆很近而且甚为重要的金门岛上的马山岗哨，担任连长。

当时，林毅夫不但是在事业上前途光明，而且在家庭方面也非常幸福。有一位大学同学兼妻子陈云英，在台湾大学里，他俩一见钟情，婚后感情和睦，相敬如宾。大儿子已经三岁，太太还正怀着一个新的生命，正待降生。

在1979年5月16日夜，这位身为连长的林正义下令，今晚没有他的传令，不准随便开枪。于是，他从金门泅水渡过台湾海峡，来到大陆，更名为林毅夫。这段海峡仅有2500米的宽度，对于颇有素养的游泳健将林毅夫来说，只是小菜一碟，不是问题。林毅夫在当夜上岸之后，并未被海防守兵发觉，于是他吹响所带的哨子，让守兵捉拿。他首先表示，他从金门游来，不是求财（奖金），不是求名（宣扬），也不是求官

（升级），只是求学，希望进入北大习农。中国立国以农为本，人民又以食为天，林毅夫为什么要走这条路呢？他在 2008 年 2 月 28 日，于北大中国经济研究中心朗润园说出了经纬，他说："念台大，入军校，读 MBA，都是我思想不断演进的轨迹。"亦就是说，他多年来一连串行动的推动，都是深有计划的，并不是一时的冲动。他熟读历史，尤其是近代史，对鸦片战争之后的许多丧权辱国的丑事，深记在心，正如在历史上诸多有识之士一样，他一直是在思考着中国如何才能富强。他毫无疑问地认定，使中国富强起来的希望不是在台湾，而是在大陆，他因此奔向大陆。

1979 年，他放弃了甜蜜的家庭、向上的事业，冒着生命的危险离开台湾，奔向大陆，到达了北京，进了北大。林毅夫选择在北大攻读社会主义经济学，他很幸运，因为这时候，大陆才刚刚恢复高考两年，而北大的经济系又是首次招收研究生。经济系的副主任董文俊奉命考察林毅夫，董主任被他冒险渡海求学、弃家报国的无畏精神深深感动，极力推荐。于是，林毅夫获得了到北大读研究生的机会。

正巧，林毅夫进入北大经济系的次年，1980 年，著名的美国芝加哥大学经济系教授、诺贝尔经济学奖的获得者舒尔茨访问北大。董文俊主任因为林毅夫的经济知识和英文能力，就推荐他担任舒尔茨的随行翻译。事过之后，舒尔茨非常欣赏林毅夫的为人与学养，回美之后不久，即来信邀请林毅夫到哥大攻读博士学位，并提供全额奖学金。林毅夫抵美国哥大之后，仅以四年时间，即完成学位，进而转往耶鲁大学经济增长中心，在 1987 年完成博士后。那时候，大家都以为林毅夫在美国学术有成，他的论文被舒尔茨誉为新制度经济学的经典之作，况且，他的太太和孩子们都在美国，他一定会长期定居美国，因为美国已经有很多机构向他提供很好的职位。可是，董文俊一直对他的回国很有信心。虽然，他们从来就没有谈过这个问题，但他知道"林毅夫的事业和理想，是在中国"。董文俊主任是估计对了，林毅夫全家大小四口于1987年回到中国。回国后，并未即时回到北大，而是在国务院农村发展研究中心工作，继续他的学术研究。就是在这一段时期，他完成了诸多论文，奠定了他在中国农村问题上的学术地位。

到了1993年，林毅夫、张维迎和易纲三人分别从北京、英国和美国赶到海南，参加一个经济学研讨会。共同的理想，使他们一拍即合，决定创办一个独立于政府机构、专门吸收归国学者进行研究和教学的机构。他们称之为中国经济研究中心，它成了第一个由归国学者成立的独立研究机构。

在董文俊的帮助下，研究中心选址北大，林毅夫在离开北大12年之后，以研究中心主任的身份，重回北大。靠着林毅夫的学问、能力和关系，这个研究中心日渐壮大，现在回头看看，却是来之不易。这些都是因为林毅夫有个梦想，而他又是一个努力去实现梦想的人。如今，这个研究中心和林毅夫一样名扬中外，不仅如此，研究中心学者的声音已达到可以影响中国政府重要决策的地步。

有了这个研究中心作为一个大平台，林主任就把他的学识和理想通过这个大平台，传给他的学生，即使在非常忙碌的工作中，林主任仍然把他大部分的时间留给学生，而且，每周都至少花半天的时间，和学生一起开研讨会。

2008年春，世界银行邀请他担任副行长兼首席经济学家，林毅夫偕夫人陈云英在5月赴华府就职。他对这次乐于就任斯职的原因，不含糊地说："我将在世银首席经济学家的位置上，更广泛地研究和探讨发展中国家面临的机遇和限制条件，和各国政府、研究机构一起探讨符合该国实际的解决方案。"

他对当时中国经济"保八"，即是中国GDP的增长在2008年仍能达到8%，仍然非常有信心，虽然按照世界银行当时最新的估计,中国在 2009 年的增长率将可能只有 7.5%。作为来自中国的世界银行首席经济学家,回答各国记者有关中国经济的询问时,他也是被公认为最好的解答者,其他的经济学家总是很客气地将有关中国的问题让给他答。现在看来,林毅夫对中国经济增长率的预测是最正确的。

他还表示,美国的过度消费和中国的超高储蓄,都是影响经济的因素,一针见血。

林毅夫与夫人陈云英在 2008 年初同时出任全国人大代表,是当年"两会"的夫妻档。他们在 3 月 7 日首度同台举行记者招待会,还谈到平日的生活。林毅夫说他们是一对非常平凡的夫妇,也像常人一样,会为孙子换尿布。陈云英谈到夫妻相处之道时说:"女人要把对方留住,就要给他一个幸福舒适的生活,一个甜蜜的家。"

他们是一对不平凡的平凡夫妇。

创立科大的初期,最重要和最困难的工作,不外是向五湖四海去招兵买马。在这个过程中,你不但是去请人,去留人,还要去等人。在等人方面,等得最久的一位是叶玉如教授(图 120)。她要求科大延期三

图 120　杰出女科学家叶玉如院士(左)和作者。

次，也就是三年。这很可能是科大创校以来，等人报到就职等得最久的一次了。

叶教授是我还任理学院院长时礼聘的。可是一直到我去做了学术副校长，她仍未到职。我还记得在她三次延期之后，我对她说："这是最后一次，能不能来科大，决定在你。"她在1993年9月如期到任。她从哈佛出身，是一位非常杰出的学者，而且很能干，科大等她等了三年是值得的。她来科大时的职位是助理教授，有好几次杨祥发教授对我说："叶教授所发表的论文，不论讲质、讲量，都很惊人。"由于在学术上的杰出表现，她很快就升级，成了副教授、正教授和中国科学院的院士。渐渐地，她展露了很难得的才干和才华，为整个学校争了很多光彩。凡是有重要的人物，包括董建华特首来校参观，凡是有重要的报告要写，凡是有重要会议要人参加，只要学校需人出面，学校找的就是她！她也从来不辱使命，能解说，能讲话，能写稿，很快就变得百事缠身，很快就变得身兼数职。她既是生化系的主任，也是理学院的副院长；她既是生物技术研究所的所长，也是中药研究中心的主任。她早上7点多钟就到学校，晚上下班还不能回家。我现在还搞不清楚，学校如此对她赋予重任，是提拔了她，还是伤害了她。希望她不要离开研究的岗位，否则实在可惜。

我说"科大等她等了三年是值得的"，为什么？因为在科研上她对科学的贡献以及对科大的贡献是非常杰出的。从1998年到2008年的10年中，她获得了12项大奖，其中包括当选为中国科学院院士，获得美国波士顿西蒙斯学院的荣誉博士学位，以及获得联合国教科文组织"欧莱雅世界杰出女科学家成就奖"（图121），这也是中国科学家第二次获得这一项有"女性诺贝尔奖"之称的大奖。以下列出从1998至2008年她所获得的奖项，在中国香港、中国台湾、新加坡以及中国内地的所有高校中，无人能比。

图 121　叶玉如院士和校长朱经武（左一），教育司长李国章（右一），财政司长唐英年（右三）。

Leader of the Year 2008
杰出领袖奖
Asian Knowledge Leaders Award（2008）
亚洲十大知识领袖奖
The Prize for Scientific and Technological Progress of Ho Leung Ho Lee Foundation（2008）
何梁何利基金科学与技术进步奖
Medal of Honour，Hong Kong SAR（2008）
香港特区政府荣誉勋章
Doctor of Humane Sciences，Honorary degree from Simmons College（2008）
美国波士顿西蒙斯学院荣誉博士学位（2005）
Outstanding Women Professionals Award
杰出专业女性大奖（2005）
Ten Most Influential Chinese Women（2005）
十大最具影响力的中国女性

Fellow of the Academy of Sciences for the Developing World (2004)
发展中国家科学院院士
L'OREAL-UNESCO for Women in Science Award (2004)
欧莱雅联合国教科文组织世界杰出女科学家成就奖
One Hundred Most Influential People in China (2004)
百大最具影响力的中国人
National Natural Science Award (2003)
美国国家自然科学奖
Academician of the Chinese Academy of Sciences (2001)
中国科学院院士
Croucher Foundation Senior Research Fellowship (1998)
香港裘槎基金会优秀学者奖

我无法一一详细地列举她每一项研究的贡献或每一论文的前沿性和重要性，我只能列举她所获得的奖项，多得几乎是不胜列举。从这些奖项中，读者不难品味出她在学术上的功夫，科大挤进世界一流大学之列，她是不可忘却的功臣。

叶教授自1993年9月到校之后，由于她杰出的研究工作，她发表的论文都是刊登在国际知名的刊物上，以及她在校外的声誉和为科大争取的荣誉，科大的领军人物从院长到校长都非常欣赏她所作的贡献，吴校长和我在退休前都很赞扬她的能力，更非常支持她的工作。她不仅成了科大的表率，也成了科大的代言人。在许多有关科大的学术交流和研究人员交换的事务中，我多赖她的参与与帮助。进而，我的办公室和她的研究室常有来往，合作得非常顺畅。她有时会来征求我的意见或建议，我有时也请她代表学校完成某些任务。站在学校和学术的角度，我很欣赏和支持她在校内和校外的活动，至少有两件大事，是我推动并交给她主办的。她都光荣地完成任务。

一是推动中药现代化的研究，进而，推动成立中药研究中心。

早在开学的前后，也就是在迁往清水湾校园之后（1991年），我花全部的精力、心思去思考如何提升理学院的理念与定位。马里兰大学有两个截然不同校区，一个是老而大、科科都有的校总部，一个是新而小、只有文理的分校，从所得到的经验而言，我觉得理学院科研的前景是要集中目标、重点发展。因为科大理学院的五个系是生物、生化、化学、数学和物理，都很传统，在教学上，当然要面面俱到，但在研究上，不可能样样都有，可是在科学的发展上总要占一席之地。为了达到这一目的，我经过深思熟虑之后，提出了三个值得参考的准则：一是要站在科学的前沿，不能跟在人家的后面炒剩饭；二是要加入科学的主流，不要走旁门左道，不成气候；三是要尽量利用当地资源，求得天时地利人和之便。因为我是学生物的，就以生物为例，如果能够集中精力，重点发展中药，用最先进的科学技术——生物技术，来发展最古老的中药，把中药推展到现代化及国际化的水平，则会合乎上述的三个准则。我有这个理念很久了，自己无法实行，就得依赖出色的教授去完成，我想到了叶玉如教授，这与后来我全力推动中药现代化和全力支持由她来做是分不开的。

从小，我就靠中药治病。我们这一代出生和成长在中国农村的人，没有中药，就没有我们。我很希望在这个时代和这个地方，推动中药的现代化，也就是国际化，更何况，香港是中国面向世界的窗口。

其实，我早在一两年前，在学术副校长的位子上便开始推动科大要在中药研究上占一席之地。先是苦口婆心地一而再、再而三地说服吴校长，向他灌输中药的重要性。从吴校长的充耳不闻到点头称颂，的确

第五章　身体力行：将"以人为本"付诸实践

花了一段很长的岁月。我这个从1991年任理学院院长时就有的一个梦，终于在1997年成立中药研究中心时实现了。这个中心是在科大生物技术研究所所长叶玉如教授的策划、筹备下成立的。

中药研究中心成立了，我就很自然地成为重要的一员。我们有机会去访问了上海、南京、成都、昆明、北京的中医药大学或研究所，也有机会向来科大访问的名家教授，如胡之璧、郭济贤、张礼和、萧培根、姜延良、王晓良、徐珞珊、赵守训、闵知大、秦国伟、陈凯先、姚新生、郑梁元、俞飚、熊郁良、王琬瑜、王一涛等请教（图122），受益不浅。我还大胆地写了一篇《漫谈中药》，请姜延良老师过目。我把这篇文章交给他之后，心里忐忑不安，以为改过之后，一定是面目全非。可是，姜老师在过目之后，除了改改错字与别字之外，照单全收。这使我以后到处谈中药现代化时，非常胆大。还有一次在北京时，和姜老师的一席漫谈中药，实在是胜读十年书。

图122　作者和叶玉如所长与在科大访问的五位中药专家。（右起）韩怡凡，车镇涛，徐珞珊，叶玉如，作者，郑梁元，俞飚，熊郁良，秦伟国（1998）。

吴校长在宣布辞职的前后，有一天晚上，打电话到我家，因为中文大学的李国章校长邀约科大和中大联合提出一份比较有重量的发展中药计划，并责成我处理。我就找中大的负责人梁秉中教授，一谈即妥，并约定在城市大学召开第一次协调会，中大、科大、城大和理大都有代表参加。我首先提议研究最简单的复方，当归补血汤，只由两味药——当归和黄芪组成，用之有年，成效良好。我再进一步地提出"一条龙"的口号，由植物的品种到中药的成分以及药效，一直做到临床。最后，我提议："大家通力合作，政府给钱，我们做，不给钱，我们也做。"大家都同意。以后事实证明，研究最简单的复方——当归补血汤，确是明智之举，经过审核，这确是最佳计划和方向，政府予以可观的资助。科大生物系现任系主任詹华强教授（图123）也是中药研究中心的成员，有始有终，钻研到底，在过去的十年里，他和他的团队，根据我们当初的设想和做法，把"当归补血汤"一步一脚印、一级胜一级地钻研下去，非常成功，成为目前用简单的复方来提升并达成中药现代化的最佳团队，获得最满意的成果。我深信，假以时日，他们会成为"中药现代化"的最佳示范，完成最后的使命。这里有叶玉如教授的功力，她所成立的中药研究中心，为推进中药现代化搭建了一个很及时也很实用的平台。我个人就借这个平台之助，到处推进中药现代化，利用1999年休假之便，到处去讲"中药现代化"，在内地从深圳到哈尔滨，在台湾从台北到台中，在香港从学校到社团，在一年多的时期内，讲了三五十场，而且每次的效果都不错。北京科技部的中药现代化的期刊聘我为顾问，并刊登我的《中药现代化》一文，台湾的"中央研究院"的刊物以及一本农业方面杂志也都登了这篇文章。在2006年，我还和詹华强主任合著了一本《从西方思维看中药现代化》，由香港三联书店出版。

第五章　身体力行：将"以人为本"付诸实践

图 123　詹华强主任（中）与作者夫妇（2001）。

　　第二件大事，是举办第六届亚太地区生物科技会议。自从 1992 年我被聘为亚太地区生物科技会议的国际顾问之后，我前后在澳洲的悉尼和韩国的汉城参加过第四次和第五次的大会，是那次在悉尼的大会上，我代表香港争取到在香港召开第六次大会的主办权。返港之后，我即着手策划并进行筹备第六次大会的诸项工作。首先决定大会在 1998 年 6 月 3 日在科大校园举行，在召开大会的前一年，我们成立了大会主办委员会，我担任主席，统筹全局。香港政府科技委员会主席卢毓琳任副主席，负责向港府申请经费。下设两个主要小组，一个是议题组，由生物技术研究所所长叶玉如教授主其事，另一个是接待组，由生化系当时的副教授黄允强（图 124）负责，我的特别助理罗美芳小姐统筹协调。我们一次一次地开会，一次一次地请主讲人，一次一次地发通知，又一次一次地筹款，经过一年的努力和最后的一次预演，大会终于在香港科技大学如期开幕。1998 年 6 月 3 日早上 9 时，报到人员四五百，来自各个国家和地区，聚齐在大礼堂迎接开幕，我致了简短的欢迎辞，即请香港特首顾问叶国华先生致辞，然后就按程序和节目开会。三天以来，开大会也好，分组讨论也好，一切都非常顺利。由于大会工作人员的努力、协调和预习，大会进行得秩序井然。散会前晚，照例举行一个温馨得惜别宴会。天下没有不散的宴席，各道珍重，下次再会。

图124 在第六届亚太地区生物科技会议闭幕式上。（右起）黄允强，作者，叶玉如，卢毓林，吴家玮。

会中的讲题、议题和展览的水平很高，这都是叶所长的精心努力和她专业水平的表现。这些都不是她科研分内之事，也都不是她的兴趣核心所在，为了科大，她都尽心尽力地做了，而且做得很好。她以议题组组长之职，完成了她分内之事，她把每一件分内之事都办得很好。

从下面的照片（图125）和这本书的很多照片，大家稍一留心，就会看出来，我在中外象牙塔里，和上上下下的人，是老师也好，是学生也好，是上司也好，是同事也好，是下属也好，我和他们的关系，不仅仅是职务上的关系，我们最后都变成了家人、朋友，很多照片,都是家庭与家庭的照片,不是两人合影,而是两家合影。

图125 作者在香港科技大学退休后回香港会友与朋友餐聚后合影。(右起)朱凯扬夫妇,作者夫妇,邓显裕医师,卢毓林夫妇(2003)。

"以人为本"是先被人感动,再进而去感动别人,把外人变成家人,果如此,则"以人为本"就会生根,就会发芽,也就会开花结果。

谈到中药现代化,有一个人不容疏忽,他是科大生物系的现任系主任詹华强教授(图126)。我第一次对他开始留意是系里和院里提出他

图126 詹华强主任(左)与前理学院院长雷明德(中)和作者合影(2001)。

升级，可是，在校级未获通过。一般人的反应是意气用事，对校级主管，也就是我心存不悦，可是，他的反应与众不同。他没有表示不快，而且非常合作，我建议他等一年，他很耐心地等了一年，水到渠成，顺利通过。我很赞赏他的肚量。

在与中文大学、理大和城大合作申请研究中药现代化的起草、整理以及呈交的过程中，他很卖力，也很合作。我提出用最简单的复方"当归补血汤"来作研究中药现代化的材料，希望他来执行，他一口答应，并身体力行，按部就班、有始有终地执行下去。每次我去香港，总是与他商讨下一步该做什么，又如何地去做，他总是执行得很彻底，而且成果优越。詹主任的精神可歌可贺。我们合著的一本书《从西方思维看中药现代化》，目前詹主任正在做增订本，我殷切期待着这本增订本的面世。

詹主任不但是一位优秀的科学研究员、一位出色的生物学家，他也是一位诚恳而值得信任的朋友与合作者，尤其是在有的曾经的合作者展现出与他相反的品格时，更显他的可贵甚至可爱之处。我全心支持和帮助他主攻中药。这是"中药"之幸。我深深地觉得如果有人会在研究"中药现代化"的大道上杀出一条生路的话，一定是他。

詹华强于1958年生于香港，获得香港中文大学生物化学一级荣誉学士学位和硕士学位，然后留学英国，获得英国剑桥大学博士学位，其后到美国斯坦福大学进行博士后研究工作，真是出自学术界的名门。1992年，香港科技大学成立之初，即加盟科大的生物系做助理教授，从头做起，现在不但已是正教授，而且还是系主任。他主要的研究领域为肌肉神经接头在发育和神经再生过程中的分子机制，并参与中药在香港的发展研究工作，最近专注中药复方"当归补血汤"的作用机理的研究，在以复方研究中药现代化的同行中，他做得最好，不但是选题最适当，而且是用的方法最好。假以时日,他一定会有杰出的贡献,树立一座中药现代化的里程碑。他著有中英文论文百余篇。

在香港科技大学筹划成立的后期,也就是在1991年开学招生之前的一段时间,从五湖四海招聘教授的过程中,也经历了许多无奈的挫折。首先是1997年香港即将"回归"的影响。一开始,"回归"引起了香港居民的担心,由担心而形成"民心不稳",由"民心不稳"而促成一阵阵的"移民潮"。先是有大资产的英属公司行号都撤离香港,接着就是中上层有经济能力的居民开始向英国、加拿大和澳洲各地移民,房产大跌。当香港居民外流的时候,招聘学者来港安居乐业非常困难,不是三言两语就能解释或说服的。更不巧的是,又遇上1989年的政治风波,这就更需费口舌去吸引外来的人了。这双重背景确实形成了很大的阻力。因此,应科大之聘而来港的学者和其他工作人员,尤其是从欧美应聘而来学者,除了校长吴家玮这一批人之外,都没有"拔根",都是在原位上请假而来的,更没有真正携老带幼的"搬家"。所以前两三批,在1989、1990和1991年来科大报到的教授们,都成了在科大流行的"太空人"。同样的,留在美国的太太们,也就顺理成章地变成"内在美"的"内"了。

在这种情况下,于1991年10月科大开学前到职的一百多位教授分成两类,第一类是决定来科大"安居乐业",而在原居地的工作单位请假一到三年的,第二类是暂时来科大访问一到两年,当然在原居地的工作单位只是请假一到两年,对科大没有长期的承诺。就是对这一批没有长期承诺的访问学者,我在任职学术副校长之后,就选择有能力、有学养的,向他们游说,征求他们长期的承诺。我在1993年的主要工作目标,就是留人。其中之一,就是钱大康教授(图127)。他出生于香港,来自威斯康星大学的计算机系,年轻有为,专业精干,能力很强,工作出色,上下均有好感,是科大当时想挽留并转成长期聘任的对象之一。

我邀他在家中晚餐，并企图说服他长期留任。他在谈话中有一句话令我终生难忘。他直截了当地说："你不必劝我留任，我是否留任，不是取决于科大是不是留我，而是取决于科大会留什么样的人。"我恍然大悟，整夜躺在床上翻来覆去地想这句话的真谛。"有道理，真有道理。"我自言自语地说。第二天一大早，我就去找他，请他担任校级聘用和实任审核委员会的主席。我对他说："现在要看你替科大留什么样的人了。"他主持这个委员会很久，也很有成就，一直到他担任计算机学系的系主任，分身乏术为止。

图127　钱大康副校长（左）与作者合影（2000）。

直到今天，我仍非常重视这个委员会。科大在学术水平上之能够有今天，科大在国际地位上之能和名校平起平坐，这个委员会的贡献不少。十多年前，有一位哥伦比亚大学的教授说："我深知科大在聘用和升迁上所用的学术水准，是在国际上最高的学术水准。"这个信誉，能在短短九年中获得，来之不易，都靠这个委员会的努力把关、铁面无私、唯才是用的精神。最近也有一位刚从美国一流的州立大学前来任职并参加了这个委员会的同事，他对我说，这个委员会的水准很高，很多细节上的斟酌使他大开眼界，学了很多东西，他自叹不如。从这些细节和小事上，可以看得出来，这个委员会不同寻常。

好的开始，是成功的一半。这个委员会的成功，是和所有委员的努力分不开的。他们的细心、谨慎、合理，树立了良好的传统和榜样（图128）。

图128　作者与科大大学聘任和实任委员会委员在会后合影。（右起）王学荆，洪长泰，沈平，作者，钱大康，郑平，李乐德，陈家强（1995）。

从历史的角度来讲，这个委员会是在1991年底，继我任理学院院长时的聘任资格审核委员会之创立而成立的，几经更改才成为今天的模式，才用今天的名字。第一位主席是项武忠教授（1991—1992），继之则为沈智刚教授（1992—1994）、钱大康教授（1994—1996）、郑汉忠教授（1996—1998）、G. Biddle教授（1998—1999）、张启光教授（1999—2000），在我退休时为郑树森教授（2001—2002）。每一位主席都敬业尽职，公正无私，任劳任怨，令人敬佩。从1991年至我退休，历任十届，每届的任期为一年。从第二届开始,委员的推荐、认可以及核准才正规化。目前的委员共为八人。当时每院由院长推荐两位学术有成、教学优秀、资格深厚、判断力强又为同事敬重的正教授给学术副校长,在一般情况下,我都同意认可,除非我个人知道还有威望更高和适合度更强的人值得考虑,或者我对推荐的人选有某种程度的担心和顾虑。这些我都会和院长们坦诚深入地磋商,一旦大家毫无保留地同意了,我就从各院推荐的名单中,选出一位主席,然后一同上呈校长考虑。一般来讲,我事先都征求校长的意见,所以校长对这些人都已相当熟悉,除非他有特别意见,不然都会照单全收。然后就转交教务会讨论通过。在我在位的七年当中,每次提交教务会讨论时,大都是深庆得人,很少有异议,更从未触礁或搁浅过。

卢汝立教授(图129)担任委员的届数较多,服务较久,值得一提。他少言敦厚,深思熟虑,标准一流而又公正无私。平时很少发表意见,但当他有话要说的时候,一定是真人真话,直言直语,才不管你是老几。

图129 作者(前)后面是卢汝立教授(1995)。

我应该提一提的是，上述委员会的成员，本来只有七人，因为人文社会科学院一开始就只有一位委员。可是前任院长丁邦新到任之后一而再、再而三地要求再派一位以壮行色，以与其他三个学院平起平坐。从理论上来讲，每位委员都是在发挥自己的判断力，并不代表自己所属学院，不过我还是于1998年夏，在从学术副校长位子上退下来之前，说服了校长，为人文社会科学院加添了一位委员，成为现在的总数八人。这可让众人不要觉得在科技大学中的人文社会学科，不够重要。

做事和为人一样，有时要细心，一件小事的细心，有时会激励一大批人心。

从规章上讲也好，从操作上看也好，这校级委员会是我的顾问，他们的职责是向我提交在人事聘任和升级或续约上的评审建议。最后的定夺在我，当然责任也在我。因此每次换届时，我都特别声明这一点，并特别恳请委员们从严审核评议，使我可以有余地地酌情从严或从宽处理。如果委员会的标准不高，评审不够严，我就只有从严一途了。可喜的是，从严从紧，委员会都做到了，有好几次，我推翻了委员会否定的建议，但从来没有不接受委员会的正面决议。在过去七年的操作中，我与委员会的建议真正背道而驰的只有一次。那是在1993年，工学院在工业界招聘了一位系主任，委员会觉得他缺少学校的经验而投票反对。我在和院长几经磋商考量之后，硬着头皮批准了。直到现在我未后悔。还有两次，委员会否定了两项我觉得应该支持的个案，我就再去寻请第三者评议，获得支持后再送请委员会复议，就都通过了。其中的一次，为了表示对委员会的尊重，我还亲自出马陈述案情。至于其他在灰色地带的个案，有的是院长们力争的，我也尊重院长的意见。到头来，院长们是直接在前线带兵打仗的，我应该信任并支持他们。

还有一次，理学院的一位教员升级。他科研拔尖，同行评议的结语是"才子",可是他教书的考绩不及格。委员会在那一阵正在提倡教学优先的气氛下,多数否定了这个案子。我和院长商讨了好几次,我们的共识是,教学固然重要,但在研究型的大学中,怎么能不容纳一位科研上的"才子"?

我在批示中指定"假若他在下学期,能够在教学上有进步,准他升级"。我指定"能够在教学上有进步"而不是"能够在教学上及格"是经过深思熟虑的,经我调查知道,这位"才子型"教授的口才并不伶俐,也不是天生的教书匠,在这方面要求及格,恐怕对他而言,是"力不能及"的难题。不是他不去做,而是他做不到。但是他可以比以前稍稍有进步,我的推测正确,下个学期他教书的分数由五十六分,进步到了五十八分,虽然仍然不到六十分,仍然不及格,可是他在教学上有了进步,已经达到要求了,就升了级,获得长俸。

另外与升级有关的一件事,发生在工学院的化工系。大约是在2000年底,张立纲副校长因病请假,由我代理。我审核这件升级的档案时,发觉有些步骤不太寻常,在系和院级委员会中,有一位委员重复出现。于是,我就去约谈代院长,他的话更强化了我的疑虑。我再去约谈一位当事人的同事,他对当事人大加赞许。经过详细调查,我决定把这一负面的决定推翻,让当事人升级。

直到今天,我仍然觉得对这两宗案例的处理非常正确,也很应该,从"以人为本"的角度上来讲,我们要帮助教授们迈向光明的前途,不要毁了他们的前途,更不应该让个人的恩怨介入。

在后一件事上,我产生了许多感慨,我一向深信在任何一级的学校里,从小学到大学,教学都非常重要。可是大学还有一项非常重要的任务,就是发明和创新。世界上没有一所知名的大学,它之所以能够成名不是因为科研的成果——发明和创新。大家想想看,哈佛大学的知名度是建立在什么基础上的?没有人不明白。所以，我们办大学的人，一定不要迷失方向，一定不要忘记了责任，一定不要变成墙头上的小草随风摆动，一定不要为了讨好教学而牺牲了研究，否则你又如何去成为研究型的大学呢。说良心话，对香港教资会大力推动的"教与学质素保证过程检讨"，我非常不以为然。像是一阵子的"八号风球"的台风，来是来得风势凶猛，使人招架不住，去也是去得无影无踪，使人毫无留恋。这种做法，与其说是一个政策的实行，不如说是一次试验的进行。我是说，我也注重教学，否则我为什么去随堂听课？我也是说，科大注重教学，否则科大为什么首先引用学生评核制度，又为什么每年选拔教学优良的教员，予以奖励？为此，科大特别设置了 Micheal Gale Medal（祁敖卓越教学服务奖章）。在每年毕业典礼上，隆重地颁发一枚卓越教学金牌。除此之外，院里也很注意教书的品质，譬如说，在张立纲任理学院院长期间，理学院每年在所属的五个系中，选出教学优良的教员，给予奖赏，院长还特别设宴表扬，我也参加以表庆祝（图130）。虽然科大上上下下都对教学的重要性予以关注和奖励，可是教资会有一年还扣除科大的大批经费，以示惩罚对教学的疏忽，真是天大的笑话，令人不服，也令我难忘、难解。我是说，不要见风转舵，一所大学的命脉就是独立自主。很多国家都设有科学院院士荣誉去奖励发明家和创造者，是有道理的。吴校长在这一件事上的直言，引起教资会的相当不满，从那时到现在，我都觉得他说得不错，只是到了现在，我才能如此说。图130中的四位优秀教师，我和李晓原比较熟，我们是前后一同加盟科大的，那时我正担任理学院院长，他在理学院的化学系。他不但教书好，研究也好，做人更好，在我退休之后，他已是化学系的系主任了。恭喜他。我还记得，我在科大工作时，有时也在报纸上写一些时事评论，有几次他看了之后，都会给我一封电邮，多加鼓励。可是有一件事，我到今天还有一些内疚。那是他来科大时，当时请他的人给他的薪俸过低，低于香港高校的最低水准，他诉之于我，我因初到香港不懂行情，没能马上解决，拖延了一两个月，实在抱歉。

图130 与理学院选出的优秀教师合影。（右起）李晓原，李健贤，作者，李卫平，周敬流。

我们不能不承认，前面所提的这个校级委员会的责任之重大。跟着这个重大责任而来的权力也大。在以后的几年里，委员们有时会超出责任之范畴，而干预到行政。譬如说，委员会有时提出的建议是有关行政性的措施，要某一教授教某一科目，教的该是大班或小班之类。这样的建议是不适宜的。一个委员的权力过大，一个委员的任期太久，都会引向或导致滥用权力的归宿，不可不注意。

在这里，我用了很大的篇幅来讲"留人"和如何"留人"，也用了很多的口舌去讲"留人"和"留人"的曲折。如果有人问我过去多年来科大"留人"的成绩如何，我会很骄傲地说："十年有成，有目共睹。"

第五章　身体力行：将"以人为本"付诸实践

但这并不表示没有一点差错。我可以很坦白地说，至少在升级正教授的例子中，有一个案子不应该通过。假使我再重新处理，我不会像以前那样放过。至于在不留的案件中，我觉得没有差错。有人会觉得太无情，甚至有友校的朋友说，科大在执行升级制度上，表现得像是冷血动物。对此，我没有丝毫歉意，更用不着向任何人致歉。我所做的都是我分内之事，我忠于职守，忠于科大。那些让某些个人不愉快的结果，都是因为在当时要为科大作出最好的决定而产生的，没有别的选择。我的职责是做事，不是为人。也有人问我，为什么有几位科大没有留的人，现在在内地的教育界都表现得很杰出，我的答案是，不同的环境，不同的职位，适合不同的人。

其实，我并不是一位天性心肠硬的人，但我的职责让我不能手软。在每一重大的决策上，我都严守两大原则：一是防范产生后遗症，二是不做见不得光之事。历史是无情的，它只依据你所做的一切判断来判断你。一不小心，你就会在人生考场上因交了一份"美丽"的废卷而落第。

在注重人才方面所执行的另一措施是，我和年轻教授们有一定期座谈的安排。从 1992 年 11 月 6 日开始，我会在每周找个下午（4 至 5 时），在办公室内和四位来自四个学院的助理教授闲谈。坐在办公室内，天南地北地随便交谈，不设主题，也不设界限，但限定时间。我主要的目的是大家见见面，让他们知道，我也和大家一样是有血有肉的人，只不过比他们早生了几年，并不是横行霸道的魔王，坐在六楼上，压迫着他们这一代的年轻人。当然我也想听听他们心中深藏的抱怨。他们的抱怨很多，发泄得也很凶猛。常常有人说，在美国某某大学可以做的，为什么科大不能做。我说你说的某某大学，已经有超过二百年的历史，科大刚刚才成立了两年，不能相比。

现在回来再谈一下钱大康教授，他对科大的贡献

图131 钱大康首席副校长

有目共睹，他主持上述委员会时很出色，然后领军计算机系也很有成绩。在我退休之后，他不仅仅是更上一层楼，而且是扶摇直上，首先登上研究开发副校长的座位，再转为学术副校长，最后成为首席副校长。他重新划分了三位副校长之间的关系，在校长之下统筹全局，这是科大首任学术副校长向这方面进展而未达到的，他做到了（图131）。不仅如此，他还担任教资会的主席，在香港高层的人脉很旺，未来的发展值得拭目以待。

科大的教授们既然都是来自五湖四海，人也就是五花八门，像是梁山上的好汉一样，各路人马都有。自然，接触和认识他们的渠道，更是形形色色了。最显著的一个例子，就是丁学良教授（图132）。丁教授

图132 丁学良教授与作者（2001）。

第五章 身体力行：将"以人为本"付诸实践

生于安徽，在农村长大，在贫困的环境中一路奋发图强，不但是到了美国留学，而且还是在哈佛毕业，并享有"哈佛才子"盛名。一个人能够成为才子，已经难得；再加上哈佛的光环，就是在人生的舞台上，更上一层楼了。

科大真是有幸，吸引了这样有才气和有学养的青年才俊。他到科大不久，发现他存放在电脑上的诸多从哈佛带来的研究资料不见了。他非常气愤，除了找人设法挽救这一危机之外，又用电邮向我申述。我得悉这个情况之后，当即责成有关部门尽量设法挽救，并向丁教授致歉。有关部门很快告我，丁教授电脑中失去的资料，已经完全找回。对我而言，丢失了研究的资料，是件大事，既已挽救回来，也算值得庆幸。可是不久之后，我又接获丁教授的第二封电邮，告我问题并未解决。这令我感到不安，除了交代有关部门尽力寻回文件并说明原委之外，又去拜访了丁教授，当面致歉并告以挽回工作上的成果，说明资料已经全部找回来了。就是在这样的情况下，我结识了丁教授，而日渐交为挚友。现在，他对我唯一的抱怨是我不会饮酒。

我也是一位研究人员，深知多年研究资料之重要性，同时，我又是学校的一位行政管理人员，深知尊重和服务教授们的重要性。譬如说，大约是在1992年夏天的一个晚上，我在10时左右从宿舍回到办公室，中途遇到化学系的一位教授才从实验室走回宿舍。我对在科大夜以继日辛勤研究的教授们非常敬重，时常被他们的努力所感动。这位教授碰到我时，停下脚步问我："孔校长，我可不可以请问你一个问题？"我说："这么晚了才回家辛苦了！你有什么问题请说。""我的实验室在十个月以前订购的设备至今未到，可不可以请孔校长查询一下。"他很客气地说。我对他说："真对不起，我明天上班之后，马上去查。"第二天一早，我马上去找我办公室负责采购的主管人员，问他为什么一个化学系实验室在十个月以前采购的设备至今还未到,太慢了,影响他们工作的进展,我感到很不安。可是我的这位副手满不在乎,他写了一张纸条向我打官腔,上面写着:"不要听到狗叫就跳墙。"我深深不快,在他的纸条上写下:"你这种服务态度是绝对不能接受的。"

不久,我换了这位副手,因为我觉得学校的行政人员一定要具备服务的心态,不能有官架子,因为我深为所有辛勤努力工作的教授们所感动。

在人世间,没有其他任何事情比"被感动"更动心、更动情了,你会被感动得去做任何事情,去力行"以人为本"。我深信"以人为本"是建立在被感动的基础上,不是光靠希望、期望、盼望和冀望而能完成的。

和丁教授熟识之后,我非常赏识他,他真不愧是一位众人所称的"哈佛才子"。我看了他写的那篇有关"酒"的文章之后,不但是闻到了酒气,更是闻到了他的才气,他真是才华横溢。他不仅是笔下的功夫好,嘴上的功夫更好。他既是才子,又有名气,香港的财团大行和科大校董陈启宗请他在香港的一个大型的社团演讲,他邀我去听,我去了,看到科大的"丁才子"为港人所敬爱的情景,内心为他、为科大都感骄傲。

就在丁教授到科大不久之后,台湾的《传记文学》,将我的一篇《六十自述》,改头换面变成了《从纱厂小工到大学副校长》,刊登在1996年1月份那一期的首篇。我日后又以此文为骨干,从1.5万字扩展到15万字,易名为《背水一战》,由香港的三联书店在一九九七年九月出版,这是我的第一本书。我的这本处女作,其中也有丁教授的心血。他曾细心地看了内容,善意地修了文句,更诚恳地提出意见。他和我内人傅静珍女士都要我在书中多加一点"血"和"肉",以凸显内心的真情实感,并有助于提高可读性,同时,也可以反映当时社会的变迁与时代的动荡。丁教授还特别提醒我,写书和写科学的论文不同,用不到"因为"和"所以"等一类的字句。我后来在写《我的科大十年》时,也蒙他诸多指点,他时时都称我为"亦师,亦友,亦长"。其实,在写作这一门学问上,他才是我的"亦师,亦友,亦幼"。

北京大学出版社在 2004 年,出版《我的科大十年》增订本,是由他推荐的,以后这本书在内地大专院校中广为流传,他也是功不可没。北大出版社接着又在同年出版了我的《东西象牙塔》,与《我的科大十年》两本都列入"大学之道"丛书系列。2009 年出版了我在北大的博士论文《基因与人性》,列入"当代科学文化前沿丛书"系列。我目前撰写的这本《我的科大十年(续集)》也将由他们出版。这条路是丁教授为我开出来的。

丁教授受聘于科大为助理教授,聘约通常都是三年。他到校后不久,澳洲国立大学颁发给他足足五年的奖学金,可以专心著作,不必教课,机会难得,他就请假去了。科大当然希望他能归队,不要流失这样的人才。可是在他去澳洲不到二年,他在科大的合约期满,面临续约的时期,他也面临将来何去何从的抉择。他还是想回科大,科大更想留住他。他的系主任 A. Walder 和丁院长就商于我如何办理,我们的共识是,丁教授已是一位知名的政治社会学家,出身哈佛,著作等身,文笔精彩,口才出众,见解过人,刚刚毕业不久,就已经享有盛名,科大应该尽其全力留住他。于是,我们系级、院级和校级达成协议,我提出一个两全的办法,那就是请他放弃申请续约,待他合同约满之时,他已在澳洲花了两年时间专心著作,到时,科大因他约满未续而出缺,可以重新招聘他。招聘手续从头到尾要为时一年,到时即是他重新申请成功,他已经是在澳洲写书三年了。希望他可以将五年完成的著作在四年内完成归队。我们科大在审核完毕之后选了他,我可以在聘书上说明,他可以在接到聘书一年之内报到，把通常只有一个月的时间延长为一年。后来，到科大报到的时间到了，他的书还未写完，我准他延期半年。结果就是做到了两全其美。要用不平凡的方法，去留住不平凡的才子。我们做到了"以人为本"，也做到了"Recruit the best people and keep them happy"。归根结底，办法是人想出来的。学校应该千方百计地去留住人才。

　　哈佛才子丁教授自澳洲返回科大之后，已按序升为正教授，现在已是科大的主将，继续为科大增光。

　　1998年10月15日，是我走下学术副校长平台的一天，正巧，那一天我在北大参加首届海峡两岸植物分子生物学研讨会。与会的学者很多，来自内地、台湾和香港的都有。来自内地的有许智宏副院长、陈章良副校长等，来自台湾的有杨祥发副院长等，来自香港的是我和其他教授，共五十余位与会者。巧合的是，我们四位植物分子生物学者，有两位是研究院的副院长，有两位是大学的副校长，都担任副职。植物学家都会管家，在以后，有这种巧合的机会不多。

图133　雷明德院长颁发生物系荣休教授（Professor Emeritus）纪念牌予作者（2001）。

第五章 身体力行:将"以人为本"付诸实践

从北京回到香港,我的办公室已经搬到理学院为我准备的一间很舒适的房间。我俨然是理学院办公室的一员,对新任理学院院长雷明德教授(图133)之厚待和礼遇,对生化系、生物系的迎接(图134),我非常心领和感激。我更感谢的是,雷院长让他的秘书陈东娜小姐帮我处理日常公文方面的杂事,为我分担了全部的案卷之劳,非常难得。

图134 生物系和生化系的同事们欢迎作者加入他们的行列(2000)。

雷院长出身香港,加州大学毕业,是来自IBM的名物理学家,有管理和行政上的经验。加盟科大之后,处处表现得不凡,既能说又善道,又精于在财务数字上的了解与分析,这项特长,使他出人头地,很快就跨进行政管理的圈子,从系主任至副院长,再进而为院长。

各位院长们在我走下学术副校长的位置后，对我所表示的善意和照顾，令我感念。

雷明德院长和前学术副校长张立纲是在IBM多年的同事和好友。1993年春到香港科大的张立纲院长，在半年之后到处招兵买马的时候，就写信给他："你要回来，现在正是时候，有许多事情，需要人去做。"在他来之前，

图135　叶玉如所长（中）带领雷院长（左）和作者前往内地研习中药（1999）。

我还记得和他有见面会谈的机会，当然，我是诚心并热切地劝他来香港加盟科大。那次是一次非常愉快的相见和一次非常热诚的相谈，他告诉我，我与他的交谈，有助于他决定来港。他来了科大之后，担任物理系的系主任，在那段期间和他接触的机会很多，其间为了一位教授的去留问题，我们交谈了好几次，我们对教授去留的重视由此可见一斑。

雷院长常说，他来科大是随着张立纲而来的，这句话一点都不错，因为基本上，雷院长自来科大之后，几乎是一直跟着张立纲走，而且成了他的副手。张立纲做院长，雷明德做副院长，张立纲做副校长，他就做院长。雷明德常说，张立纲就是他的顶头上司，而且他这位上司做事认真，又非常执著，对任何事除非不做，要做就做到百分之百。

科大的中药研究中心成立之后，所长叶玉如领着我和雷院长（图135）到内地取中药方面的经，我们拜访了上海的中科院所辖的中药研究所，所长陈凯先院

士对我们礼遇有加,还有南京的中医药大学。以上两处,我都讲了我所觉得中药的研究现在应走的"中药现代化"之路。在南京有一位老教授也是中药界的大师说:"孔校长,我听过你的'中药现代化'两次了,很好,越讲中药的味道越浓。"对一位新人而言,也算是难得的鼓励吧。从南京去了北京,在北京的中药研究机构很多,到北医大的药学院,张礼和院长院士,也安排了一场"中药现代化"的报告。还去了中国中药研究所,我讲完"中药现代化"之后,有位资深的大师说:"听听第三者的声音也好。"此后还去了成都和苏州。成都在中医药方面的研究能力很强。

经过这次的三人行,大家相互了解了很多,也走近了很多。雷院长本来觉得我和他保持距离,以为我对他有什么不满,我告诉他,一点都没有,只是他太能干了,让我害怕。说完,大家相视而笑,之后就无话不谈了。这使我觉得,高校或任何机构的行政人员班子,每过一段时间,不妨大家结队旅行一次。大家在一起生活,和大家在一起工作,是绝对不同的两回事。在一起生活,是人与人之间的相处,大家都一样的是人。在一起工作,在某种程度上,像是大家一起登台演戏一样,每个人所扮的角色不同,所戴的面具不同,所唱的戏词也不一样,距离就拉远了,有时立场就对立了,这样就成了大家知人知面不知心。生活在一起的话,正是知己知彼,百战百胜。古人这样说,说的是多少年生活的经验累积,不会有错。譬如说,我在1991年加盟香港科技大学的行政团队,是形单影只,与团队其他人没有任何直接和间接的关系。相反的,其他的同事,就以科大在1991年的年底,由校长吴家玮所带的内地高校访问团而言,多是中学在附中毕业的同学,或大学在台大毕业的同学,或是在美国参加保钓运动某一派的健将。我呢?什么都不是。可是经过一个礼拜的共同生活之后,我也和大家在一起打成一片。而且,我从前和校长吴家玮素不相识,过了一周的共同生活之后,他对我评语是:"你很有亲和力。"甚至有一位同行的同事在两个月之后,当吴家玮选了我为他的副手(代理学术副校长)时说:"这与中国之行校长对他的正面印象有关。"

上述"中药"之行归来后,我和雷院长合作得很好,他给我的第一件任务是帮忙为理学院招聘生物系和生化系的两位系主任。我成了生化系招聘系主任的遴选委员会的主席,也成了生物系系主任招聘委员会的成员。不辱使命,我按计划如期交差,叶玉如教授从生物系转去生化系为系主任。这个招聘进行得很顺利,结果也很令人满意。可是生物系主任的选定并非一帆风顺,最后是从美国请来一位系主任彭筱明教授。由于系里山头太多,合作不很顺利,新系主任马上面临的第一个最大的问题,就是系里同事的升迁,而且那一次被审核的人数最多,处于边缘地带的人也不止一位。新上任的彭筱明主任多次向我征求意见,我对他做了一个基本原则上的建言,那就是,就你系主任的立场而言,你要把这个系办成什么水平的系,在这个水平以下的人,你就要决定他们的去留了。

我在科大最后的三年(1998—2001),承蒙雷院长的诸多礼遇和善待,在此一并致谢。

香港科大发展得如此之快,在全球大学的排名又是如此之高,完全是因为科大是认真地在"Recruit the best people and keep them happy"。正如世界各国的甲组足球队一样,你既然是能够掌握住非甲组的队员不请,这个新的球队自然就非甲组球队莫属了。在全世界来讲,越是顶尖的球员,其流动性越大,教授也是如此。科大既请来了一流的教授,他们的流动性也就很大了。譬如说,经济系的李龙飞教授,当时,他是世界上发表论文最多的三位经济学家之一,就被美国俄亥俄大学以更优异的条件挖去了。财政系的段锦泉教授也被加拿大的多伦多大学礼聘为讲座教授去了。这是在世界一流大学的圈子里很常见的事情,也是值得骄傲的事情。

第五章 身体力行：将"以人为本"付诸实践

在科大的岁月里，我的内人傅静珍女士和段锦泉教授的夫人李慧贤女士友好。渐渐的，我们两家常相往来。对所有出色的教授，我都会另眼相看，交为朋友。段家在2001年搬去多伦多大学，一年之后，我们特往多伦多和许多老友包括他们相会（图136）。次年，他们来华府开会，我们再相聚。看到这一位成功的科大人，我非常高兴。现在他们已去新加坡国立大学。段教授的活动空间很大，源于他的成就很大，很多名校都争先恐后地争取他。段教授祖籍大陆，生于台湾，毕业于台湾大学，完成生命科学的本科教育。留美后，在威斯康星大学麦迪逊校区完成金融学博士学位，先后任教于香港科技大学、加拿大多伦多大学为讲座教授，现任新加坡国立大学风险管理研究所所长，并担任商学院合发工业（Cycle & Carriage）金融讲座教授。他的研究领域包括金融工程和风险管理。他在GARCH期权定价模型领域做出了突出的理论贡献，在期权定价理论和应用上发表了许多学术文章，多有创建。段教授于2008年被台湾"中央研究院"评选为院士。

图136　在加拿大多伦多段锦泉教授家与老友相会。（右起）作者，唐一山，李成芳，傅静珍，李慧贤，段锦泉（2002）。

数月前，他寄来一本新作，名为《危机中的转机》，主题针对最近的一场金融危机。这本书是从风险管理的角度，探讨一些实际问题，其中有很多是在新闻媒体上发表的对财经时事的看法和展望，他希望这些尝试，可以让读者窥一斑而见全豹，对这次罕见的危机有更深刻的认知。全书共分三个部分：第一部分，探讨2008—2009金融危机；第二部分，总结在此次危机中学到的教训；最后一部分是他个人的一些报章作品选录。他真是前途无量。

另一位成就非凡的科大人是王康隆教授（图137）。他是在我从学术副校长位子上退下来之后加盟科大的。由于后来我曾代理学术副校长的职务，因而，我们也曾有四个多月的交往。

图137　王康隆院长（左）作完学术报告后和作者在山东济南建工学院报告厅（2002）。

王康隆教授是在张立纲院士担任学术副校长时应聘为工学院院长的。他生在台湾南部，毕业于台南市的台湾成功大学电子工程学系。赴美在麻省理工学院完成电子工程硕士和博士学位，毕业后，曾在母校任教，继而任职于美国通用电器公司，从事科研工作。之后，即为加州洛杉矶大学聘为电机工程系教授，并曾任系主任。随后，即筹建加州大学纳米电子学研究中心，并担任中心主任，是一位国际知名的电机工程学家。

我自科大退休之后，即赴山东省会济南，担任建工学院的名誉院长。为了帮助该院的发展，在2002年，我为该院筹划举办"名人讲座"。王院长是我邀请的五位名人讲者之一。其余四位为科大的张立纲院士，香港生物工程学会的创会会长卢毓琳教授，台湾"中央研究院"的前副院长杨祥发院士，台湾大学前校长孙震教授。

王院长一口答应我们的邀请，也很热心，甚为大家所欢迎。在济南的几天，大家相处得很和谐，王院长还邀请建工学院的一批领导和教授们，将近20人赴香港科大参观。他除了招待他们食宿之外，并租一豪华游艇夜游香港。大家非常高兴，更非常感谢。

王院长在科大服务满两年之后，又为加州洛杉矶大学召回担任纳米电子学研究中心主任。他家住在St. Monica，我们每次途经洛杉矶，或探望女儿，总是和他们餐聚一番。在科大树建的友谊，源远流长，大家都成了好朋友。

我在这里写下这一段，是要说明在象牙塔里，不论是在哪一层次，又是什么关系，处得和谐，该是不二法则。我很注重和谐的人际关系。

同时，在一所成熟的名校，一定会有名教授进进出出，这是一种好现象。任何一所名校，都会吸引进来，也会培育出来名教授，这样下去，就会成了名教授的泉源，分流四方。

另一位科大的同事，让我一直难忘的是工学院化工系的教授弭永利（图138）。科大创立的早期，一切都是新的，一切都在从头开始，因为一切都没有历史的轨迹。教室的守则就是其中之一。在第一二年期间，每一位年轻新任教授的作风不同，又毫无经验，所以在上课时，课堂里的学生杂乱无章，个个交头接耳，从悄悄私语而至大声喧哗，因此，我的办公室就召集年轻又没有教学经验的教授们座谈。首先是听取他们对课堂现况的报告，进而是听取他们维持课堂秩序的做法。在这一方面真是五花八门。有一位年轻的教授说，他采取足球赛场上裁判员的做法，来维持课堂的秩序：不准学生交谈，都要静心听课，如有违反者，第一次出示黄牌，三次之后就出示红牌，被罚出场，离开教室。这位年轻又理直气壮的教授就是弭永利。

图138　香港科大教授弭永利（左）受聘客座教授典礼（2002）。

弭永利教授祖籍山东，在北京长大，于美国锡拉丘兹大学获得博士学位，任教化工系，研究高效能高分子复合材料。自从那次在座谈会上认识之后，我深深地觉得他具有与常人不同的气质，因而常有接触，他有时还找我谈一谈他在研究上所面临的诸多非学术而属于人际的问题，我也都以老大哥的身份给予经验之谈。渐渐的，就成了朋友。他给我的印象是一位爱国、爱乡、有心也有热情并很进取的人。我在退休前后，常常去山东济南帮助一些高校并指点一些行政上的运行，起初是帮助一所电业专科学校的成立，因为他是山东人，我就请他来助一臂之力。他很热心，也很尽心，大家对他都一致欢迎。退休之后，我又在现在的山东建筑大学，以前的山东建筑工程学院，担任名誉院长，也请他来指导学科的建设，并礼聘他为客座教授。他做事非常尽心尽力，我很感激。他对我说："我是山东人，很爱山东，很想帮帮山东高校的发展。"

他也真是一位只问耕耘、不问收获的人。他每次从香港飞到济南帮忙，从来没有要求济南的高校给他什么，包括旅费。

有一位身为外省人而在济南工作一辈子的学者，冲着我这个山东人说："山东人就是懸。"现在我也会说："山东人就是讲义气。"

在这本书里，我要写的最后一位展示"以人为本"精神的人，是綦敦祥教授（图139）。他在山东地方上由政府官员转职为省会高校领导人，是一位在行政和领导上的专才，嗅觉灵敏，目光远大，决策果断，不怕困难，不计名利。所以，他能在短短的六年之中，

图139　綦敦祥书记（右）与杨祥发院士（中）和作者在济南山东建工学院作者宿舍（2002）。

把建工学院校区由一百多亩变为两千多亩，把学生由三千人扩增到将近三万，增加了十倍，最后这间原本名不见经传的建工学院升为"山东建筑大学"，而且没有花费政府的一分钱。他的办学成绩在山东高校发展史上一定占有重要地位。这些功绩不说，我要写他的主因，是他并不知道"Recruit the best people and keep them happy"这个座右铭，可是他所执行的，所做的，正是"聘请一流人才，并使他们乐不思蜀"。在我与他共事的十多年中，我观察并感受到，他在这方面的功力很深。

他生在广西，可是，他是一位长在湖南的山东人，深具大江南北的豪爽憨厚气质。他从小就聪明好学，即使经过"文化大革命"的折磨，他还能在20世纪60年代考进天津大学获得学位。毕业后，他被分配到山东沂蒙山区沂源县工作，那是山区所谓第三线的偏僻小县。他在一家化肥和酿酒厂中，从技工做到厂长，骑在自行车上仍然背诵英文，上进心切。英雄创造时代，邓小平的改革开放启用人才，学而优则仕，他因而踏上仕途。从沂源而平邑，由县长而书记。到了20世纪90年代，他已经是山东临沂市的副市长了。他主管经贸，常去香港招商，香港就成了我们结缘之地。

1992年，他是拥有1000万人口的临沂市的副市长，我是新创立的香港科技大学的学术副校长，他是我家乡的父母官，我是一位生在临沂、从事并热心高教的工作者。他趁到香港招商之际，前来科大访我，我们相见甚欢。我一如既往地揭发山东在教育上的投资不够、努力不够、重视不够。依我当时所掌握的资料分析，在高等教育上，当其他国家的毛入学率都超过30％的时候，中国高校的毛入学率仍然徘徊在3％左右。山东的高等教育更不发达，因为山东当局不够重视，临沂市地区的情况更差。临沂市辖管十个县市，我的老家郯城县就是其中之一。人口超过千万，还没有一所大学。能够考取济南或北京的大学的学生，分数要在当地学生中非常突出。临沂学生的毛入学率仅仅是超过1％。

我把这一切的抱怨,都在他面前排山倒海地泼出来。

我出了一大口气,但他并未生气。

以后的关系,就由这里开始。以后的交往,都与他的海量有关。

1997年春,他代表临沂市政府邀请我们夫妇俩去临沂,参观临沂的教育事业,想改变我对临沂教育现况的看法和想法。在那个白色梨花开放的季节,我们赴约参观了临沂市的中小学、农校以及师专。

我在农校面对千余师生以名誉校长之身份讲述"谁来养活中国",我也面对师专上百的老师们讲"香港科大的创立"。

这次参观不仅让我更深入地了解了当地中小学教育之现况和政府的处境与立场,更加深了我们之间的友谊与认识。綦市长是一位细心、用心更具爱心的父母官,这样的好官员中外都少见。

也是在1997年,他告诉我说,他即将调职到省会济南一所建筑工程学院为党委书记,希望我能以我的办学经验,在退休之后助他一臂之力。我欣然答应。凡是有关致力于山东高教的事,我不会说"不"。

綦市长在1997年底,到济南的山东建工学院任职书记,也就是一把手,成了"老大"。次年4月8日,我趁去济南开会之便,应邀去山东建工学院参观、演讲并接受名誉教授聘书。演讲的题目是"创办科大的经验"。

山东建工给我的第一个印象,是规模出奇的小,又杂乱无章。我常常用开玩笑的口吻说,开车进了大门之后,要用急刹车,否则就会撞到后墙。你想想看,一所学院占地仅仅在百亩上下,实在不能再小了。另外一件让我久久难忘的事是,我到访的当天,我自己未修边幅,既未结领带,也没有穿一件能结领带的衬衫。因为在典礼时要合影留念，有一位滕新乐副院长见状，即去买了两件合适的衬衣送我，使我有点不知所措，但还是马上换上了，心中一直存有谢意和歉意。

我大约花了两个多小时的时间，先参观了校园、校舍，再参加接受名誉教授的典礼和作一连串的致辞，接着就在一间大而简陋的教室演讲。之后，在学校的餐厅进餐。餐桌上大家无所不谈，在座的都是校级领导，除了书记之外，还有副书记兼院长，以及多位副院长和办公室主任等（图140）10人左右。

图140 山东建工学院的领导班子。（前排右起）孙书记，王崇杰副院长，方肇洪副院长，柳文敏副书记，綦敦祥书记，作者，邢世满院长，——，沙凯孙副院长，李副院长（2002）。

他们问我参观后对山东建工的感想以及评价，我毫不客气地直说："山东建工的水准如何？其实你们自己知道，不必问我。说一句不好听的话，你们这一批校级领导，回家照照镜子，在镜子里所看到的自己的领导水准，就是你们所领导之学校的水准，不可能高，但有可能低于你们的综合水准，因为你们是这所学校的框架或蓝图。由这个框架或蓝图所建造的楼房，不可能高于你们所依照的框架或蓝图。而且，你们要非常努力，才能达到自己的框架，一不小心，连自己的框架都不如了。"

我接着又说："但是，这并不表示你们不能把这所学校的水准建得超越自己的水准。有两条路可走，一是提高自己的水准，二是善用高于自己水准的人。"科大建校十年有成，就是在"Recruit the best people and keep them happy"的情况下达成的。

第二天一早见到綦书记，他开口对我说："孔校长，你昨晚的话，对我们来说，是一生中最大的当头棒击，大家都难接受。可是一觉醒来之后，大家又觉得是一针见血的直言，一丝都不错。"

这是我在1998年初，留给山东建工学院校级领导班子的第一个深刻的印象。

到了1998年6月底，我们全家五口第一次回山东寻根。到了济南，住在电力工专，綦书记从头到尾亲自陪同，从头到尾亲切照顾，留给我的印象至深。到了年底，宋法棠副省长夫妇陪我夫妇到临沂，再度推动临沂大学建设，綦书记又是全程陪同照顾，尤其是在我卧病时随身照顾，令我深为感激。

这是在1998年，綦书记留给我深刻的印象，给我深厚的情谊。

我能回报的，就是助他一臂之力，办好这所在济南尚名不见经传的高校。我每年到济南开会，都会和他共商大计。他先下手为强，在2001年年初，为我在校园中的博士楼二楼，装修了两间宽敞而又现代化的宿舍，任我选住一间。我参观之后，深感满意，心中跃跃欲试地想迁移过来。

但是最打动我心，也最让我觉得他真心、真正要我帮助的是下面的一段对话。

綦书记说："请你在退休之后来帮忙，我付你香港薪水。"他的这句话给我留下一生难忘的印象。

我心中知道，这是不可能的事，当年我在香港的年薪,是他当年年薪的几十倍,接近一百倍。在当时的内地,这是可望而不可即的。就是因为他出言愿做可望而不可即的事,我才真正觉得,他是真的需要我。

我说:"我不要薪水。照香港的标准,你们付不起。付内地的薪水,不如送个人情。只要你提供食宿和交通费用就好了。"

一言而定,没有细节,没有文字,更没有想到以后会不会生出枝节。

2001年2月14日下午4时,我应邀去山东建工学院新建的学术报告厅,对学生讲述我生平的"背水一战",这也是我写的第一本中文书的书名,是我的自传。

非常的荣幸,能为山东建工学院图书馆的学术报告厅开幕作第一场报告,那天,我之所以记得是2月14日,是因为我讲的第一句话是:"你们知道今天是什么节日?""情人节!"他们大声响应。我接着说:"情人节快乐!"下面一阵呼声与掌声。

在我未移步山东建工之前,已奠定了很好的基础,一是给校级领导班子一个一生难忘的印象,二是给广大的同学们也留下一个特别深刻的记忆,三是我深深觉得綦书记是真心诚意需我帮忙。此时此刻,我对他和学校都会有积极的作用。

于是,我就在2001年10月15日从香港科大退休的次日即飞济南报到。

到了济南的山东建工学院,备受礼遇,都是因为在未抵埠之前,有如前述,已在师生中建立了很好的口碑,加上綦书记亲自指挥、细心安排,还有山东人的热情好客,使得我们夫妇处处觉得不但是宾至如归,而且还是"贵宾"。我们的新居和我的办公室,都是焕然一新。新的家具,新的装饰,虽然不算宽大,不算豪华,但在斯时斯地,已是难能可贵。

綦书记对我们更是处处敬重三分,办公大楼门口,还放置了一个欢迎的牌子。在公共场合,他们总是让我走在前面。在食、住、行上都照顾得无微不至,食有师傅掌厨,他还曾去品尝饭菜和汤,行有司机驾车,而且是院里唯一的一部外来品(最好的车子),住有人工打扫清洁,还有一位很进取的秘书李萧(图141)。连在电话簿上的排名,都把我列在榜首。以此类推,我在建工学院的处境优沃,由此可见,綦书记是百分之百地使我生活得快乐满意。

图141 李萧博士(右)与作者夫妇(2003)。

这位那时的李萧,现在的李博士,值得介绍一下。在大约十年以前,他在建工学院教英文兼管外事。我来自美国,所以名正言顺地由他接待。他年轻上进,可是在为人处事上,毫无经验可谈,不但是常常错误百出,管前而不顾后,有时更像一株嫩苗,没有经过风吹雨打,连阳光都照得不多。我就开始指导他,有时也耐不住地教训他一番。日子久了,我觉得他却是一位值得培养的青年。多年前,学校送他去英国进修一年,我就再三地通过他的上司和太太,鼓励他读一个博士学位,并且告诉他,如果是在经济上有困难,我愿意助他一臂之力。他到了英国之后,来电话谢谢我对他的关心。我再重新强调一个博士学位对他在高校中工作的重要性。听说他咬紧牙关，读完博士学位回来了，我心中感到无限的高兴，恭祝他学有所成。

在我所遵行的座右铭上的"Recruit the best people and keep them happy"中，尤其是在后半句上，綦书记做得比我到家多了，我真是心服口服，乐不思蜀了。

懂得用人、服人，是他的长项，而且是做得最彻底，最自然，也最自愿。再进一步，领会用人的技巧，也是他的长处。他退休之后，应济南中华女子学院书记胡升秀的礼聘，帮助他们建设新的校区，工作认真，工作愉快。"因为胡书记待我，就像我待你一样的礼遇。"他很自豪地告诉我。从他的这句话中，我深深感到，他不但自己知道如何去用人，他更知道谁会用人，谁会去感动他。要能做到这一步，才真正地领会到了用人、服人和感人的艺术。

就我而言，他是在我心目中，在这项艺术上造就最深的一位，和他相识近20年，相处近10年的岁月中，这个印象仍在深化，"诚"是"感人"的原动力。

还不仅如此，在2004年，有位在济南经商的老板参观了山东建筑大学的新校区，非常惊讶，也非常佩服，这所大学办得如此的出色！当这位商人打听出来，这些成就都是出自綦敦祥之手，他就聘请綦敦祥去担任他所办的一所私立大学——山东联合大学的校长。綦敦祥说："孔校长若愿意来做兼任校长，我就来做专任副校长，负责常年的日常工作。"我为他的谦逊所感召。但我们去了不很久就觉得不对，商人营利的原则和学人育才的原则，是合不拢的，是相互冲突的。这就是为什么富人兴学，都是先把资金捐出来，成立基金会，与商业割切之后，再请专家学人来办学校的。商人可以捐款，但不能把经商和办学混在一起。也就是说，不能开"学店"。"学店"可由商人开，学人是不会开的。任期一到，我们就离职了。綦书记是我在教育界所认识的主管中，最懂得"使人乐不思蜀"和最会贯彻"以人为本"精神的教育家。

第六章

领军人物：创办香港科大的校长

▲ 吴家玮校长（右）与作者（2001）。

这本书里写的是"象牙塔里的以人为本",顾名思义,这本书从我进入象牙塔开始,到走出象牙塔结束。我走进的第一座象牙塔是"台中农学院",也就是今日台湾的中兴大学,在那里我首次经历了"以人为本"。而发挥"以人为本"精神并使我感动的人是当时的王志鹄院长,他就成了在这本书里第一位出现的人。同样的,在这本书里,让我在那个平台上不断地以"以人为本"去感动别人的象牙塔是香港科技大学,是吴家玮校长给了我这个平台和机会,他也就成了在这本书里最后出现的人。

我在这本书里从头到尾写的都是人,都是有头有脸的人,也都是不平凡的人。台湾的施明德先生曾提醒过作家们写书不能"只有情绪,没有是非",也不能"只有利害,没有原则"。我一开始,就坚守这项原则,我在写《我的科大十年》时就写道:"无可讳言的,写人最不容易,写人最生是非,所以在我计划写这本书的当初,担心自己不够小心,朋友们也担心我会不够小心,其他的人就担心我的用心。可是在执笔之后,我的心情开朗得好像是淡云轻风,一切都是凭借着一笔在手时的天地良心。我的良心没有要我去违心地褒任何人,更没有要我去违心地贬任何人。'直话直说'和'快人快语'是笔者的良心,也是原则。"

从写人上来说,在我所有的著作中,占篇幅最多的就是科大的创校校长吴家玮,这也很自然。"他当了我七年多的顶头上司,他让我吃尽苦头,也给我享尽乐趣,他鞭策过我,也鼓励过我,他有时把我打入冷宫,到头来还是重用我。"所以在写科大的时候,笔头上处处都有他。可是我在描述他的时候,因为情节不同,有的地方写脸,有的地方写脚,介乎脸与脚之间的部位也写过,统统凑在一起,就是我所知道的吴家玮。于公于私,我会给他打蛮高的总分。

每当我执笔写吴校长(图142)时,我总是感到要非常小心,因为他是我的老板,他是老大,我是老二。

我在《真人真话》一书中还曾写过一篇题为"老大老二"小品，兹将此文抄录如下，你看了，就会了解我在写他的时候的心情：

图142　吴家玮校长

老大老二

　　老大与老二是最普通的名词却含有最深远的意义。一般来说，老大先来，老二后到。在官场上，老大是正的，老二是副的。更实际一点地讲，老大说了算，老二说了不算。

　　老大和老二的区别，首先是天生的，老大先投胎，老二跟着来。再者是人为的，老大有钱有势，老二就是差了一点。天生的差别，简单明了，没有疑点。人为的差别，真是复杂得到了顶点，有的是难言难辨。

　　从历史上看，打天下的是老二，治天下的是老大。治天下的都不容与打天下的并存，因此，老二的命运是凶多吉少。即使有幸存者，也要如履薄冰，如临深渊，一不小心，就会粉身碎骨，所以一举一动，都要小心翼翼，斟酌再三。即使在平时和老大一同走路时，也要有一定的分寸，不能走在老大的前面，也不宜落后太远。最好是落后大半步，这样才不会挡了老大的前途，同时又可以清清楚楚地听到老大的吩咐。

在这方面，我的感受很深。是不是命运在作祟？我生下来就是老二，又在孔家，所以就成了名副其实的"孔老二"。是不是因为如此，使我做了一辈子的副手，在美国做副院长和代理副校长，回到香港做副校长，最后有机会到台湾中兴大学去做老大，却又好事多磨，没有走马上任？

从实际情形来说，老大和老二的名称不同，实质不同，权责不同，因之所需要的才能与个性也不同。老大不能做老二，老二也不宜做老大。因为当该做老大的做了老二，便会发生一山不能藏二虎和天无二日的危机。老二做了老大，也许还可以和平共存，知足常乐，但共存与常乐却又都不是努力前进的原动力。

在写吴校长的时候，我又很用心地翻开2002年出版的《我的科大十年》，看看在那时候，我是如何写他的。我翻出来写他的所有章节，读完之后，很肯定地对自己说："今天我还会这样地写。"这证明，我当时写的他，并非一时的意气用事。下面是我从前写他的三段文字，也是我今天还会这样写的三段：

"在我代理副校长的初期，日常所面临的问题，比我想象的多很多，这些都是职责，当然有很多是额外的枝节。我觉得要比当年在马里兰大学创办生物技术学院，以后升级为分校的时候，吃力得多。主要的问题都发生在人事上，我内人说得对，"中国的人事关系比美国复杂"。可是人事关系，又是至关重要的，至少我深信，有了良好的人际关系，做事就可以事半功倍，否则，就是事倍功半了。到香港科大后，可以说得上是人生地不熟，几乎找不到一位旧日相识。在我的岗位上来讲，一切人际与沟通的关系，都必须从头建立，上下的关系，左右的关系，前后的关系，缺一不可。最吃力的是，上面我有一位新的上司，不但是在来港之前不曾相识，而且在个性上、背景上、作风上、推理上都不相同，大大的不同。他是十里洋场的上海人，有上海人的个性，我是乡下农村的山东人，有山东人的脾气；他出身书香世家，少年一帆风顺，有文化背景，我出身清寒农家，少年流浪失学，有生活体验。他有上海人的海派作风，我有山东人的憨直耐性；他是南方人吃米，我是北方人吃面。他喜欢巧克力，我喜欢生大蒜；他以所学之物理原则推理论事，我以所学之生物系统论事推理。这个两极的组合，也许就是我们主副配合能维持七年之久的主要因素。这是说有互补作用，对办科大有利。但不是说共事容易，其实很不容易，需要很多耐心，能忍的是我。"

"我的大而化之与校长的再三推敲，我的分层负责与他的事必躬亲，我的默默无闻与他的锋芒毕露，我的举步维艰与他的平步青云，都在说明了我们之间的不同。说明这个不同最好的例子，就是我在《背水一战》（香港三联书店，1997）一书中所写的，大意是说：在1995年的夏天，我们结伴去游长洲，从衣着上来看，我们除去戴的帽子一样之外，全身上下，没有一件相同，甚或相近，却都是相反的。他戴着普通眼镜，我戴太阳眼镜。他穿黑色T恤衫，我穿的是红色。他用眼睛在地图上找方向，我用耳朵听他的指点。他把携带的东西系在腰上，我提在手上。他穿白色短裤，我穿黄色长裤。他穿黑色皮鞋，我穿白色胶球鞋。从上到下，从里到外（我猜连内衣都不一样），截然不同。可是我们头上顶的东西（帽子）和立足之地以及所朝的方位，却是一致的，一致的要把科大办好。可是不要忘了，他比我高，我比他矮，他说了就算，我要听了才算。差别就在高矮与说听之间，差别也就是天上与人间。"（图143）

第六章　领军人物：创办香港科大的校长

图 143　吴家玮校长（左）与作者（1995）。

"我也不是没有仔细地想过，在共事时有明显的差别，要比有明显的相同有互补作用，只有在交友时，'同好'才是必要的。人以类聚，不类似的人，不会聚在一起，早就有'酒逢知己千杯少，话不投机半句多'的说法。可是共事时，不同的人，才能有不同的专长，像波长一样，许多许多不同的波长凑在一起，才会形成一个从紫外线到红外线长短波相连串的光谱。我们在背景和性情上的差异，像是一间房子里东墙和西墙上的两扇窗户，其间的距离很远，一东一西，但这却为这间房子引进东西两个不同方向、早晚不同的阳光，从朝阳到夕阳。"

前面说的是，存在于我和吴校长之间的互补作用。这一项是广为人们所知的，连吴校长本人都具同感。想知道的话，可以看看下面他在为我续约任第二任副校长时，写给校董会报告中的一段：

"His leadership style is very different from mine. His approach of establishing one different area for emphasis each year — one focus for attention in the Academic Affairs Branch each year — is refreshing; it turns out to be quite orthogonal to my own approach, which can be described as "parallel processing". As noted by one respondent, "they (the two styles) are completely complementary." Stretching the point, he added: "This is a win-win combination, leading to the desirable result that one plus one equals three." The respondent was generous, but what he tried to say, i. e. that Professor Kung's style and mine are very different but complementary seems to be a common perception and frequently mentioned. I consider that complementarity a plus."

毫无疑问,他认为互补的性格,影响是正面的,连他在近年(2006)出版的《同创》一书中都提到我们的差别和互补。他写道:"却有人说我反映了科大的阳刚,他反映了科大的阴柔,两者互补。"又说:"他那阴柔的一面,给了我不少帮助。"是这项正面的互补性,加上以下他所收集对我的集体意见,促成他推荐我继任。

"Commitment to the well-being of the institution — selflessness, loyalty, willingness to share credit, smooth co-ordination among the Schools, good external promotion of University.

Leadership in quality control — high standards, effective and meticulous enforcement of evaluation processes, emphasis on teaching, ability to come to tough decisions when necessary."

把这两者加在一起,构成了他所作的决定:

"I recommend to the Council to re-appoint Professor Kung to the position of Vice President for another three-year term."

我就是在这种情况下,获得连任的。任期至1998年10月15日为止。在我任期任满之后,我又在2000年的8月16日回到了离开不到两年的学术副校长办公室，成为"署理副校长"。世事多变，张立纲副校长因为身体不适，决心求去，朋友们都支持他的决定，我也就临时归队，到2000年的年底，又服务了四个半月。

图144　吴家玮校长（右）与作者（1998）。

在科大创校初期的十年（1991—2001），吴校长是不折不扣的老大，我是老二，他时时都在发号施令，我也处处都在洗耳恭听（图144）。他善于开天辟地，排山倒海，我忠于运筹帷幄，默默耕耘。他适合做老大，我宜于为老二。这样，我们就能各供其长，互补其短，合作了七八年之久。过程虽有崎岖之处，最后还是相敬如宾，不忍离别（图145）。一直到今天，我对

图145　吴家玮校长（右）与作者（2001）。

他，还是佩服，还是怀念。

　　我在《我的科大十年》的前言中曾写道："我在一个千载难逢的机遇中加盟科大，又在科大十年有成的时刻，自科大退休！更有幸的是在两位绝顶聪明能干的学术副校长钱致榕和张立纲教授之间接棒与交棒，长跑了七年，今生以来最充实最有经验也最宝贵的七年。"日子过得很快，一转眼十年又将过去了，在我执笔继续写吴校长之前，我又去重温了一遍在2000年5月15日发表在香港《明报》上的那篇《我所知道的科大真相》一文，至今仍然觉得那是描述吴校长最真实亲切而又充满感情的文章。因此，就在这里引用，然后再添加一些我想为吴校长说的几句公平话。

　　光阴过得真快，一转眼就到了3月，吴校长在决定请辞之后，就电告我。在一个记者招待会上，他宣布辞职并阐述原意。可是报纸上的反应，却是一片恶意，有的还在恶意中伤。我实在看不过去，心中愤愤不平。

　　知道校长吴家玮要在记者招待会上宣布辞职，我即去参加。做了他七年（1992—1998）之久的学术副校长，对创校校长的辞职，我不能无动于衷。

　　接着我以会长身份带领"香港/四川中药现代化科技产业基地促进会"的成员，去"无川不成药"的成都，促进中药现代化，责无旁贷。

　　三天之后归来，看到内人为我买的五份刊有校长辞职内容的报章（28/4/2000），看完之后，深深感到作为一位与吴家玮校长同事近十年，一起为科大建校共费心血的人，我有话要说。但是为了平静心情，我等了三天才执笔。在整整过了三天之后，仍觉得不平，那么我写"不平则鸣"就不会仅仅是"意气用事"了。

　　我现在已经不是科大的学术副校长，而且明年将要退休，我一无所求，吴校长也不是我一生五位顶头上司中，最欣赏我的老板，虽然他是唯一的中国老板。我更是一无所欠。写这篇"不平则鸣"不是为了人，是为了事。写这篇文章，不仅是为了历史，更是为了良知。我的良知告诉我，我知道的真相多，不能不说。

我去年休假，科大为应对某些误导，发表了一篇《历年来对科大的误解与真相》（Genesis7/7/99），在第七页"吴德恺博士的晋升"一段中所提到的"……学术副校长作为由助理教授晋升副教授的批核权拥有者，批准了吴博士晋升。学术副校长也以署理校长身份批准了吴博士的实任"。这里所提到的那位"学术副校长"就是我。二次的批准也是我，我今天要站出来说话，因为我知道的真相比谁都多。

科大自从创校以来，从海外招聘了何止上千的博士。自从开学以来，一切人事法规，都操作正常，没有一个教员是走后门进来的。1992年吴德恺以Dr. Wu的名字申请教职，他和吴家玮校长的Woo，拼法不一，所以当时很少人知道（假使有的话）他是谁，吴校长也从未提过。连我都不知道，Wu就是Woo的后裔。Dr. Wu是在竞争中以学历学养取胜的，与姓氏无关。至于六年后的升级，更是依法规操作，假若有任何不寻常，只是我们特别小心地秉公处理。他顺利地通过系、院、校三级审核的程序，在系级是由六位资深的教授审核，一致推荐，在院级是由六个学系（化工、土木、计算机、电机及电子、工业工程、机械）推举的六位资深教授复核，一致推荐，最后经由校级分别来自理学院、工学院、工商学院及人文社会科学院的七位资深教授的一致推荐。当文件送到我的手中，我看不出问题，也找不出缺点。相反的，从资料中可以看得出来，他是前途无量的。在我审理批准的上百件的晋级个案中，有的并不是，也不需要在系、院和校级审核中都一致通过的。对这份在三级审核过程中，由十九位资深教授一致推荐的晋级个案，我没有理由不同意，我不应该也不会因为他是校长的儿子，而有不公平的优待或苛待。一切都是依据唯才是用的原则用人。更没有把他提前升级。提前的例子不是没有，但不是他。最后我是以署理校长的名义正式发布的。吴校长对整个过程都没有介入或知悉。他没有"用人唯亲",只是忽略了"瓜田李下"的古训。

为什么我不厌其详地如此细说,因为我觉得,指吴校长"用人唯亲"是不公平的,何况真正"用人"的人,不是他,是我,那是我身为学术副校长的职责。

毫无疑问的,吴德恺是一位学有专长、年轻有为的学者,也毫无疑问的,吴德恺是每一位父母都会引以为荣的孩子。所有施加于他的压力,是万万不公平的,他和其他同事一样努力,一样敬业,一样奔向光明的前途,他没有错。假使一定要说他错的话,是他当时不该选择了他所爱的国度,是他当时不该选择了他所爱的学校。想想看,假使你就是吴德恺,或者你就是吴德恺的父母,你又有何感受呢?人,谁无父母,谁无子女。千万别忘了我老祖宗的话,"己所不欲,勿施于人",要推己及人呀!

至于其他的指责,诸如超支、室内泳池、薪俸和酬金等等,都属于"欲加之罪,何患无辞"类型,而且在"……误解与真相中"都有详细说明,在此不赘述。

至于吴家玮对科大的贡献,则是有目共睹。他从美国加州州立大学校长职位上退下来港,带回来的不仅仅是一份宝贵的、在美国做大学校长的经验,更值得一提的是,他有一颗热爱中国的心。吴校长创办科大是成功的,不是失败的。科大在创校十年之后,就挤进世界一流大学和世界名校之列,还常常排名在北大和台大之前。不仅如此,科大为香港学术界带来了竞争精神,加强了学术文化以及推动了管理制度。因此,科大更成功地提高了整个香港在全球学术界的声望,这一点是铁一般的事实。为什么大家都视而不见,听而不闻,一字都不提,公平吗?

香港十多年前决定创办科大是有远见,科大在创校时能请到吴校长也是有远见。十年之后,大家都承认科大是一所能在短期内迈向世界级的大学,可惜的是,带领科大攀登高峰的校长与科大分家了。一所好的大学,不太可能是由一位烂校长办的。

我目前这一生的一半,是在美国(20年)、加拿大(8年)、英国(1年),而另外一半则在三地,在内地(15年)、香港(12年)、台湾(9年),而且,都是在学术界的象牙塔里,见过的大学校长上百,形形色色。但是,我一直觉得,从科大立场而言,吴家玮是一位贡献很大的创校校长。所以在两三年前,当校董会征询我对吴校长续任的意见时,我很坦诚地说,从我个人的立场而言,吴校长并不是我理想中的老板,从科大立场而言,吴校长则是科大最理想的创校校长。吴校长的短处,几乎人人都有,但是吴校长的长处,却是很少人有。尤其对科大的热爱,他每天24小时想的都是科大,连夜里梦的梦境都是科大的校园。你说,比他对科大更尽心的人有吗?

在香港十多年来,吴校长也学乖了很多,所以他才说不去从政,因为他自己明白,他虽有从政的干才和口才,但他缺少从政的个性和耐性。当你能领悟到,要把敌人变成友人,而不是要把友人变成敌人的时候,那就是真的到了从心所欲不逾矩的岁月了。吴校长还没有炼到这种火候。

吴校长的去职,是后浪推前浪的正常现象。香港的大学教育资助委员会主席林太(Alice Lam)说得好:"十分怀念他。"韩愈说"大凡物不得其平则鸣",具有同感的人也会不少。

这篇文章刊出之后,在某一个场合,一位不相识的女士对我说:"那篇文章写得好。"科大元老女将Lorata说:"很高兴你写了这篇文章。"家玮曾致电于我说:"谢谢你在《明报》上的文章,在科大工作这么久,你是第一位能站出来为我讲话的人。"我说:"家玮,不要谢我,我写这篇文章是为了我的良心,是我的良知触动我写的。"有一天,我碰见吴德恺的夫人冯雁，她对我说："这篇文章校长叫我们多读几遍。"

这一章是老二写老大，所以我是特别的小心翼翼。前面写的老师和校长们，尤其是 J. Toll，L. Vanderhoef 和 J. Dorsey 三位校长，他们施用和表现在"以人为本"上的精神，不只是深深地感动了我，更激起了我要用"以人为本"的精神去不断地感动别人，以为报答。可是"以人为本"是香港科大创校的基石，是发扬"以人为本"的平台，我是在这座平台上，不断地用"以人为本"来感动别人。所以我没有强调吴校长的"以人为本"。这并不表示，我没有从他身上学到"以人为本"的精神，只是他和别人不同，别人多是举重若轻，他是举轻若重，但是他所表现的大学校长的特征则和其他的大学校长一致，那就是我在《背水一战》（香港三联书店，1997）一书上用来描述中外大学校长的共同特征所写的那一段："回头看看和想想我所认识的大学校长，他们都有一些共同之点，亦有一些不同之点。他们共同点不外是：有学术基础和成就，有行政才华和经验，有人缘关系和亲和力，有领导能力和魄力，有外交口才和手段，有政治细胞和触角，有财政和管理头脑，有应变机警和才能。但在这些共同点内，最共同之点就是工作勤奋和努力，苦干是所有校长进阶的不二法门。"除此之外，校长们又都是一校的主管，从主管的角度来看他们，他们都是："对前景充满信心，对事物计划周详，对人事公私分明，对问题反应灵敏，对危机处变不惊，对答案口若悬河，对批评半信半疑，对工作鞠躬尽瘁，对大事亲自出马，对时间不知老之将至（或已至）。"

在《我的科大十年》中，有一节写的就是"以人为本"，而且是在很前面，其后提到或应用"以人为本"之处，不计其数。可是，我在网络上看到的书评中，最多提到的是"Recruit the best people and keep them happy"。还有人作过统计，说我引用了五次，其实，不止五次。却没有人，特别提到"以人为本"出现过几次。在书中，用过"以人为本"次数之多，又何止百十次。希望今后看过此书的人，在心目中永远忘不了"以人为本"。

事实上，"以人为本"不能光是从书本上学，是要从实际被感动的情节中感受到，你要先被人感动，才会去感动别人。但是，你不要以为只有大事才能感动人，其实，越是小事、小节、小处，才越能感动人。感动我最深的都是小事，可是效果都是很大。连在恋爱中感动对方最深的也都是小事，小的诸如一朵玫瑰。Toll 感动我的是他来看我。Vanderhoef 感动我的是他驾车来我的办公室相商公事。而 Dorsey 感动我的则是我不用事先约好，就可以随时去他的办公室找他。这是一本小书，希望能感动很大的人群，使我们大家都知道如何去感动别人。

写到这里，我深深觉得，我跟吴校长做了整整七年的副手，正如前面所写，不可能没有感情，也不可能没有敬重。科大能有今天，他是头号功臣。因而，假若我看到有后继者，一手遮天，一副前无古人、后无来者的神态，我会情不自禁地为吴校长叫冤。假使当年的创校校长不是吴家玮，那么创校的先驱们，就可能不是这一批人，假使创校的先驱们，是另一批人，那么就可能办成另一种科大。

一般的猜测是，另一种科大，不一定比得上现在的这一种科大。

我无法相信，现在能有人在亚洲创立一所大学，十年有成，能列入世界一流大学，20 年以内，能在全球五百强之中名列第 35 位。

吴家玮校长应在中国高等教育上名列青史。

科大十年有成，科大是他一手创造的，早在他未退休之前的 2000 年，科大已向世界一流大学进军，而且已经入门了。

最后，我想说，大家不要忘掉，香港科大是吴家玮创立的，读者们看完我对象牙塔里的各位上司的记述之后，就会知道为什么我常常说，吴校长并不是最欣赏我的上司了，可是这并没有影响我对吴校长的敬重和佩服，这从我常常公开为他表示不平的事件上可以看得出来。他在位时，我表示过，他退休之后，我也表示过。我的这种作风，在吴校长的同事中，并不多见，因为我生在山东，改不了山东人爽直的脾气。以后，不论谁在写科大的历史时你提到科大就不要忘了提吴家玮，就像你提起北大的历史时不要忘了提蔡元培，提起南开的开创史时不要忘记提张伯苓，提起《论语》时也不要忘记孔子一样。

后 记

这本书写到这里，已有十三四万字和一百多张相片，记述了在我生命中最重要的三十多位师长和朋友。在师长中，许多位都是大学校长，很成功的著名校长，有的是机构和单位的主管；在朋友中，有的是学界宗师，很知名的世界级的大师。现在，是应该评述自己的时候了。以前很少评述过自己，只有在《我的科大十年》里，曾经写过自己是一个"锲而不舍，屡逢知遇，好运高照"的人，仅仅用了12个字，现在再描述自己，想加上一项"背水一战"，一共成了四项、16个字。让我来详述一下，在这四项中的16个字是说了些什么。

1. 锲而不舍。我这一生，能从那样一种悲惨的童年，到今天这样一种安逸的老年，像是做了一场美丽的梦。奇怪的是，美梦也可以成真。我常常自言自语地对自己说，我这一生真是死而无憾，因为在这个世界上，人力所能及的，我都做到了，即使我可以重来，重新做起，我也不可能做得比现在更好。譬如说，我常常提起自己是：没有读过中小学，也获得了加拿大最好的大学多伦多大学的科学博士学位和中国最好的大学北京大学的人文博士学位。在香港睡过水泥马路，也在内地住过豪华的总统套房。在香港的纱厂做过多年的小工，也在内地、香港和美国做过大学校长。在江苏溧水讨过饭，也在北京中南海做过上宾。我这一生，是名副其实的能伸能屈，从大屈到大伸，靠的都是这一股锲而不舍的精神。从1950年15岁偷渡到香港，就在工余时间读书，在夜里用手电筒照着做习题，直至今天75岁了，60年来，从未间断读和写。自退休之后，每天花在读书和写书上的时间，都不下于10个小时，我这一生做事的精神就是锲而不舍，从小到老都没有停过。

图146　作者与港督卫奕信（右）(1992)。

前面，我提起了偷渡到香港，日期是1950年7月7日，我这个13岁就到处流浪的孩子，跟着两位大我十多岁的山东同乡偷渡到香港，做纱厂小工谋生。41年之后，在1991年6月8日，我又重回香港，以香港科技大学理学院院长的身份和百多位同事们创办香港科技大学。在当年10月1日开学之前，香港的港督卫奕信（图146）举行了一个茶话会，备有饮料和点心，招待我们这第一批的创校者。在会上，他很客气地问我："孔教授你以前是怎么来港的？"我面有难色地对他说："这是一个不好回答的问题。""为什么？"他有些不解。我坦诚地说："你是港督，也是我们的校监，我不能撒谎。否则就是犯上。若说实话，你又可能把我递解出境。""你说吧，没有关系。"他微笑着说。我的脸上有点发烧："我是偷渡进来的。"我说。他以英国人擅长的外交辞令说："香港是一个让人创造奇迹的地方，你正是一个好例子。"港督的话，值得回味。

2. 屡逢知遇。我心平气和地好好地想一想。自从在1954年，自香港到台湾，进了台中农学院，挤入这个东方的象牙塔之后，每次向前走一步，或每次登上高一层的台阶，都有贵人助我一臂之力。实际上，还不仅如此，他们对我都有知遇之恩，恩惠可能有深浅之分，但是，恩就是恩，都是出自他们的爱心，也都是在某件事上踢了不可或缺的临门一脚。在台中农学

后 记

院，没有王志鹄院长的恩慈，免去了我四年的学杂费和四年的住宿费，我不可能读下去。毕业之后，没有他用院长之尊安排，当助教不可能轮到我，我就无法出国留学。没有恩师黄弼臣教授的安排，我就娶不到同班的美女也是才女傅静珍同学为妻，陪我一生辛勤地走来。到加拿大之后，不是系主任Dr. Hilton的恩准，我和内人不可能在同校同系获得相同的奖学金，能够成家和立业。在多伦多大学，要不是我的导师Dr. Williams的全心力挺，植物系那位有偏见的系主任，很可能令我误了获得博士学位的机会，那么，我的一生就不可能是如今的模样了。到了美国加州洛杉矶大学（UCLA），受到四年栽培和提携，也都靠导师Dr. Wildman的用心爱护和提拔，否则，我不可能做出好的成果，不可能在《科学》（*Science*）和《自然》（*Nature*）杂志上发表多篇重量级的文章，结果一定是找不到教学与科研的职位。从加州到马里兰大学UMBC校区，有幸遇到了一位待我如同家人的系主任Dr. Schwartz。是他，为我在马里兰大学从上到下奠定了人事上的基础，让我像爬楼梯一样地步步登高。我不能不感激他的知遇之恩。从院长到校长们，他们日后对我的器重，都是因为Dr. Schwartz。Dr. Dorsey校长对我的礼遇，令我真是感激涕零。我的其他的上司如Dr. Neville、Dr. Colwell、Dr. Mazzocchii，不仅是提携我，实际上是对我有恩，尤其马里兰大学的总校长Dr. Toll，对我更是恩重如山。在马里兰大学这座西方的象牙塔里，我能以十多年的时间，从最底层一直爬到高层，可以说是层层都与Toll直接或间接的有关。

我的一生中不仅是"屡逢知遇"，而且是步步都有知遇。我不是没有想到，在世间，很多人是不可能这么幸运的，因为世事之不顺者，有十之八九。

3. 好运高照。我不能不承认，我这一辈子运气很好，几乎在每一重要关头，都会"时来运转"，像是在足球大赛场上，凡是队友踢到球门前的球，我都能赶上踢那"临门一脚"的机会。在这里我只举出几个重要的例子。比如我的两个博士学位,一个是我在1968年33岁时,在加拿大多伦多大学植物系得到的。当时我师从John Williams博士,他小我三岁,对我非常器重,不但处处表扬我,而更是谦虚地说我是青出于蓝。在他的门下,我的论文做得很好,题目是他在英国伦敦大学博士论文的延续,使用最新的技术与方法鉴定在植物独有的叶绿体上,有没有细胞核以外的基因。在当时(1965年),这是一个相当具有前沿性的题目,因为深具前沿性,在早期所发表的文章中,正负面的结论都有。我得到的结果与众不同,系主任认为一定是我错了,不想让我通过口试。我的导师据理力争,认为我的结果是正确的,把结果搞错的不是我,是别人。论文审核委员会其他的委员们全体站在我的这边,论文通过了,我的博士学位得到了。后来事实证明,我论文的结果是正确的,错的是别人,不是我。到了2009年,我已经74岁了,在北京大学心理学系比我小30岁的王登峰教授(图147)指导下攻读博士学位,论文的题目是"基因与人性"。论文审核委员会由八位

图147　作者夫妇与博士生导师王登峰(中)(2009)。

后 记

教授组成，主席由北大的前任校长许智宏（图148）担任，委员中还包括两位不同心理学会的主席，阵容真是空前的强大。论文经由八位委员们一致通过，送到心理学系审核时，也有人发出不同的声音，最后还是导师王登峰博士使出浑身解数力挺，才获通过。这篇论文首创用生命科学来解释人的天性和行为，开辟了一条跨学科的阳光大道，让诸多学者通过并进山采宝。从本书附录七的一篇《推荐〈基因与人性〉这本书》上，多少可以看得出，为什么这本书或这篇论文引发了不同的声音。学术界的每一项创新上，都是有阻力的，上述的两篇论文都具有前沿性，而日后都会证明是正确的。1968年，在多伦多大学写的那篇论文在日后证明是正确的，只是当时流传着多篇由名教授们执笔但内容却不正确的文章。我有信心，2009年在北大写的这一篇有前沿性的论文也是正确的。这本书出版刚刚两个月的时候，网上已经有多个支持的声音。在网上已经有人根据我的书写了一篇《人之初，性本恶》。我在这两次遇阻中能引以自慰的是，我在学术界

图148　北大前校长许智宏（左一）主持博士论文答辩会。

有发挥创新的潜力。因为创新而遇阻力是正常的，否则就不是创新了。旧的东西都是已经为大家所接受的，在大家没有接受以前，什么东西都是新的。所有新的东西，在推广上都会遇到阻力。

4. 背水一战。除了上述三项之外，我现在新增加的一项是"背水一战"。这是我中文书的处女作之书名，它讲的不是背水一战的场面或战况，而是背水一战的精神。在1997年香港回归时，我写了一本自传——《背水一战》，副题为"从香港纱厂小工到香港科大副校长的心路"。读者一看就知道这是一本个人奋斗史。

我这一生的奋斗精神，就是"背水一战"，它可以化不可为为可为，又能化不可能为可能。我从13岁于战乱中与家人分散之后，每遇难处，每入难境，就以背水一战的精神来克服困难，从不认输。跌下去就站起来，从来就没有不能站起来的经验，因为我受过跌下去躺在地上的苦，我不再想品尝那种苦楚与无奈。

我10岁和14岁的那两年，曾在上海南市的炒货店里做过两次学徒，吃苦受难。15岁又偷渡到香港，在纱厂做小工，吃的苦更多，受的难也更多。可是我一天到晚，都在设法从这种困境中冲出去。年少地生，无亲无故，求救无路，求助无门，在这个宇宙间，唯一可以救我之人，就是我自己。于是我开始在自己身上打主意，然后下手。要自助才有天助，要自强才能刚强。摆在面前唯一可行之途，就是自修、工读。在生活上省吃俭用，一年中都不舍得上街吃一碗面，在时间上争分夺秒；留下的工资去上补习班，积下的时间去读书。上天不负有心人，四年之后，我在19岁的时候，很幸运地考取了台湾的台中农学院，在人生旅途上，来了一个大转弯。

我没有中小学的基础，连 H_2O 是水都不知道，怎么能在大学里读书呢？我能在大学一年级读下去，靠的不是在中学学的课业，靠的是背水一战的精神。大一过了关，大学二、三、四年级就好过了，因为学的课程多是专业，不靠中学的基础。我又选了不修微积分的园艺系，自己还有一份小聪明，所以成绩很好，还以全班第三名毕业。

到加拿大留学，靠的也不是自己的学识根基，靠的还是背水一战的精神。什么是背水一战的精神？说穿了就是"努力"两个字。我一生靠的都是努力，我深深地体会到"努力"是我最大的本钱，取之不尽、用之不竭的本钱。图149是在山东老家一所中学里所照的照片，我是这所中学的名誉校长，鼓励学生努力，他们就把我对他们讲的话，像标语一样地写在操场的一堵墙上，用以鼓励学生。

图149　山东郯城李庄中学校园，作者与孔繁华（2006）。

为了鼓励学生努力，我还在由北大出版社发行的一本《东西象牙塔》（2004）书中，写了一篇小品《你的本钱》。其中也提到努力的重要性，下面摘抄其中的头两段（共12段）如下：

你的本钱

假若青春是你的本钱，你的本钱，正在日夜地减少。

假若知识是你的本钱，你的本钱，正在日夜地增多，因为比你更青春的人，正在日夜地增多，比你更具有知识人，正在日夜地减少。

假若聪明是你的本钱，你的本钱很少。

假若努力是你的本钱，你的本钱很多。因为比你还聪明的人太多太多，要找比你更努力的人太少太少。

在加拿大读博士学位受挫时，在美国加州洛杉矶大学做博士后不顺时，我都靠"背水一战"的精神继续前进。尤其是初抵马里兰大学的时候，知道这一教授的职位来之不易，而且还有"过了这一村、没有下一店"的危险，一报到，就以"背水一战"的精神工作。白天努力，晚上努力，工作日努力，周末还是努力，所以才能做出骄人的成绩。那些成绩都不是天上掉下来，都是从血汗中拼出来的。连在香港科大做学术副校长，靠的也是"背水一战"的精神。

我除了有上述"锲而不舍"和"背水一战"的精神，以及"屡逢知遇"和"好运高照"的运气之外，还有从小就被教训出来的"不好犯上"的习惯。有这个习惯，一来是从小被父亲打出来的，二来是从《论语》书本上学出来的。在小的时候，父亲教训我很严，不管他对不对，合理不合理，只能是，他说什么你听什么，不可以和他顶嘴，挨打时还不能哭，否则就都是犯上，犯上就是不孝，这是家教中最不能触犯的教条。同时，在《论语》上，还念过"其为人也孝弟，而好犯上者，鲜矣；不好犯上，而好作乱者，未之有也"。读过《论语》之后，我一直以为这就是孔家传下来的"家规"，神圣而不可侵犯。我这一生都在奉行这一个"家规"，所以，从来未曾和上司顶过嘴，翻过脸，甚至大声发言。在我的记忆中，很少有不喜欢我这种习惯的上司。这也许就是我所跟从的老板都很提拔我的原因之一。

后　记

　　与这个习惯相连的，还有不使人家讨厌你，这也是从小跟着比我大的人一起生活而磨炼出来的。你人小，需要大人照顾，你不能让照顾你的人讨厌你。你要知道大人是不是讨厌你，就必须有察言观色的本领。这个本领不都是天生的，多半也是磨炼出来的。从小我就知道什么是"在人屋檐下，不得不低头"。你要知道什么时候该低头，就靠察言观色了。这些都是小时候在上海二度学徒时练出来的。

　　由于小时候多年只身流浪、无依无靠，我对每一个帮助我的人都特别感恩，特别知恩图报。我在 UMBC 的恩人、系主任 Dr. Schwartz 下台时，无人理他，我就每天中午约他一起吃饭，陪他整整吃了一年，他很心领，别人亦对我另眼相看。

　　我现在想来，我的一生中，世事多变，人生有起伏，但是人生总是有得就有失，有失就有得。小时候，十岁以前，没有见过亦没有吃过糖，这也许就是为什么我到老年时的牙齿还是这么的健康。我在 20 岁以前，很少能吃到肉，这也许就是为什么我的身体到了七八十岁还很健康。我从小时候到现在，没有得到太多的父慈和母爱，十岁就离开了家，全靠人与人之间的情来情往，也许这就是为什么我擅长人与人之间的交往。我小时候总是寄人篱下，受尽折磨，现在能顶天立地、自由飞翔，小时候付出的代价，现在都变成了利息进账。

　　评述我自己的 16 个字中所指的都是人性中的文化性，不是人的天性，它们没有一项是天生的，都是来自文化环境的影响。其中的"屡逢知遇"和"好运高照"说明了东西象牙塔中都充满了这种环境。仔细想想，也许是因为我一生一直是在象牙塔中，所以才能"屡逢"，所以才有"好运"。果真如此，则是象牙塔内的环境，尤其是文化环境，与塔外的实在不同。这使我想起来冯元桢院士（图 150）十年以前，曾在一封给我的信中写道："……除了能力、性格和态度的功劳以外，还得加上运气，运气（使）你所遇到的人是好人多，运气（使）你选上的事业在学术界、教育界，那里面的确很少坏人。我自己一生也很幸运，所遇到的人都很公道，很有见地。领导者一般皆才德兼备，没什么可批评的，这可不是运气好吗？"

图150　（由左至右）杨祥发，作者，吴家玮，冯元桢，冯太太，张象容，傅静珍，张立纲，江奇夫妇，Eleanor（1995）。

重读冯元桢院士十年以前的信，又回头想想我在象牙塔里五十有五年，真是三生有幸。象牙塔里，就是与象牙塔以外的文化环境不同。世界上有成千上万的人生活在象牙塔里，有几个人知道或觉得象牙塔里的人是多么的幸运。我就不知道。直到现在才知道，我写自己的一生"屡逢知遇"和"好运高照"，是因为我一生一直生活在象牙塔里。一直到今天，每次回山东，也都是回到不同的象牙塔里。尤其是重读冯元桢院士信中的提醒，才让我像是大梦初醒。象牙塔里的朋友们，你们知不知道自己是多么的幸运。如果还不知道，就请你细细地读一读冯院士在1999年12月18

日写给我的那封信（附录八）。

冯元桢院士，谢谢你的教诲，谢谢你的爱心，谢谢你对后学的提携，更谢谢你写给我的好几封信。冯院士为人、为学都是世界一流，他是在美国难能而少有的"三院"院士，即美国的三个科学院——科学、医学和工程学。更难能而更少有的是，他在留学生中是现在唯一健在的一位获有五个院士身份的学者，除了上述三项之外，还要加上中国科学院和中国台湾的"中央研究院"。这是多么的难能可贵。

前面这张照片（图150）亦是本书最后的一张照片，非常具有历史性。在中国留学生中，也可能是在古今的中国学者中，仅有的两位五院院士冯元桢和张立纲都在其中，实在非常难得。

说来难以置信，一转眼就过去了五十有五个年头，都是在象牙塔里的年头。即是在退休以后，我还好像是生活在象牙塔里。唯一不同的是，以前是从东方的象牙塔进入西方的象牙塔，现在则是由西方的象牙塔再回到东方的象牙塔。据最近统计，中国象牙塔里的学生有2100多万。在象牙塔里生活久了，就会忘了象牙塔以外的大千世界，其人口之多。极其无奈的是，我已和这个大千世界脱节了。我感到，能在中外不同的象牙塔中遇到这么多慈祥可敬的老师，是自己的幸运和好运，因此我才描述自己的一生是"屡逢知遇"和"好运高照"。可是重读冯元桢院士的书信之后，我猛然发觉，在象牙塔里和我一样觉得"屡逢知遇"和"好运高照"的人，又何止一个，一定很多很多，可能多到包括在象牙塔里度过一生的每个人。果真如此，则不是我个人的"屡逢知遇"和"好运高照"，而是象牙塔里人人都会有知遇，处处都会觉得有好运。这种象牙塔里的文化环境，是多么好的教育人的环境。人在象牙塔里，不光是在课堂上学到了知识，也会在生活上学到为人处事。象牙塔里的师长的学问重要，师长的言行同样重要。现在有科学证明，人的生而即有的天性重要，日后学习到的习性同样重要。

人性受遗传和环境的双重影响，而人格亦然，遗传和环境对人格的影响各占百分之四十，平分秋色。环境的重要性是值得注意的，否则孟母就不会"三迁"了。美国的好大学、知名大学，在知识的传递上不相上下，采用的也许还是同一本教科书，但好大学和知名大学在生活环境上则大不一样。好大学里的同学，可能是全州或全国拔尖的才子，而知名大学的同学，则有全世界拔尖的才子。2009 年，霍普金斯大学的新生来自 34 个国家。不但如此，知名大学毕业生的同学，假以时日，可能进驻白宫当上总统，这就与好大学不可同日而语了。

中国有句古话，"见贤思齐"。在名大学里"贤"的高度会超过一般，你也会把自己提高一大截。

我在东西方的象牙塔里，渡过了 55 个年头之后，终于想通了。我以为我是"好运高照"，又以为是"屡逢知遇"，才会遇上这么多恩慈的师长，其实不然。实际上，不是我有多么幸运，而是在象牙塔的环境里，慈祥可敬的师长特别多。所以，不是我"三生有幸"，而是象牙塔里环境特别，特别近于完美。在现代的社会里，我们多么需要更多的象牙塔！

从另一个方面来讲，我可以算是做了一个长达 55 年的试验，并以自身为试验品，经历了东方的中国海峡两岸和西方的加拿大和美国，其间也在英国剑桥待过一年。在这 55 年中，我从未离开东西方的象牙塔和无数位良师益友。

我花了十多年的光阴，在内地到处高倡"国兴科教"和"以父母之心办教育"；花了更多的日子，二十多年，在北京、济南和临沂高呼"临沂需要一所大学"。现在临沂终于有了一所大学，可是我仍未听到有人对"国兴科教"和"以父母之心办教育"有任何反应。我深信，上述的这两项基本观念，在中国普及教育和推行农村教育上，都非常重要。我是一个出生在山东农村的孩子,能有今天,全拜高等教育之赐,因此,我是多么希望所有的中国孩子,尤其是农村的孩子,都有机会接受高等教育,又都能在社会上做出应有的贡献。其实,教育不但可以使每个国民都对社会有所贡献,要提升国民的素质,也靠教育。一个国家国民的素质高,国家就富强,社会就安宁,生活就和谐。

摆在面前的大道是,要建设和谐的社会,就必先提高国民的素质,而提高国民素质之路,唯有经由教育一途。教育国民是国家的天职,这就是要"国兴科教"了。

你看完这本书,很难不对象牙塔里的师表们叫好。

附录

附录一

UNIVERSITY OF CALIFORNIA, DAVIS

BERKELEY • DAVIS • IRVINE • LOS ANGELES • RIVERSIDE • SAN DIEGO • SAN FRANCISCO SANTA BARBARA • SANTA CRUZ

COLLEGE OF AGRICULTURAL AND
ENVIRONMENTAL SCIENCES
AGRICULTURAL EXPERIMENT STATION
COOPERATIVE EXTENSION

DEPARTMENT OF VEGETABLE CROPS
DAVIS, CALIFORNIA 95616-8631
(530) 752-0516
FAX: (530) 752-4554

April 5, 2004

Dr. S. D. Kung
C/o Dr. Greg Silsbee
UMBI - Center for Biosystems Research
5115 Plant Science Building
University of Maryland
College Park, MD 20742

Dear Shain-Dow:

Eleanor and I regret very much that we cannot attend the symposium/dinner reception in your honor, because I have to be away in Taiwan attending an important Academia Sinica Council Meeting.

Eleanor and I would like to take this opportunity to express our gratitude to both you and Helen for the priceless friendship you have given us during the past 10 years since I accepted your kind and generous invitation to join HKUST in 1994.

Although we knew of each other for several decades, we made no contact with each other until 1991, when I won the Wolf Prize and you kindly invited me to give a seminar at the University of Maryland and gave me a grand reception in your home. Later, you accepted an administrative position at HKUST. I look back fondly to that happy meeting in Taiwan, when you graciously invited me to join HKUST, which I had neither knowledge of nor had I ever visited. You were a powerful persuader and finally I indeed took an early retirement from UC Davis and joined HKUST in 1994. I should confess that those 3 short years at HKUST were among the most enjoyable and productive years for Eleanor and for me. Not only did we co-teach a plant biology course together, we also shared with Ning Li a research laboratory and jointly conducted weekly lab meetings. Furthermore, we co-edited and published 3 volumes of the renowned monograph series "Discoveries in Plant Biology". Finally, I would like to add that although you are younger than I, you have always provided me with protection and invaluable advice, much like a big brother. We appreciate and cherish very much this friendship.

As a token of our appreciation and gratitude, we send you on this memorable occasion a small gift. We hope you and Helen can use it in your retirement.

Eleanor and I wish you and Helen many active, exciting and rewarding years in your retirement.

Sincerely yours,

Shang Fa

Shang Fa Yang
Professor Emeritus

SHANG FA YANG, PROFESSOR EMERITUS   TELEPHONE 530-756-3554   EMAIL: SFYANG@UCDAVIS.EDU

附录二

May 8, 1991

Maryland Biotechnology Institute

OFFICE OF
THE PRESIDENT
1123 MICROBIOLOGY
BUILDING
COLLEGE PARK, MD 20742
(301) 405-5189
TELEX: 5106010426
FAX: (301) 454-8123

Dr. Shain-dow Kung
The Center for Agricultural
    Biotechnology
The Ag/Life Sciences Surge Bldg.
University of Maryland
College Park Campus

Dear Shain-dow:

Thank you very much for your memorandum of April 23, 1991. I accept, with much sadness, your resignation as Acting Provost of MBI, effective May 31, 1991.

Words cannot express my deep feelings toward you, personally and professionally. You are a man of integrity and I value your judgment. Along with those qualities, I shall truly miss your sense of humor. I know that Dick Neville is extremely capable and I am looking forward to working with him for the next year.

I would like to wish you the best of luck in Hong Kong and I know we shall keep in touch.

All the best,

Sincerely yours,

Rita R. Colwell, Ph.D., D.Sc.
President
Maryland Biotechnology Institute
and Professor of Microbiology

RRC/ms0508

UNIVERSITY OF MARYLAND SYSTEM

附录三

CARNEGIE INSTITUTION OF WASHINGTON
1530 P STREET, NORTHWEST
WASHINGTON, D. C. 20005-1910

OFFICE OF THE PRESIDENT

February 18, 19185

Dr. and Mrs. Shain-dow Kung
8415 Maymeadow Court
Baltimore, Maryland 21207

Dear Shain-dow and Helen:

    I can't let another day pass without sending these few lines to express my pleasure at being included in the distinguished company you assembled to honor the Ambassador and his Lady on Saturday evening. It was a splendid occasion that achieved just the right "touch"--a happy "mix" of dignity, warmth, and goodhearted fun.

    With renewed thanks and every good wish,

                              Yours sincerely,

                              James D. Ebert

JDE:jg

附录四

附录五

UNIVERSITY OF CALIFORNIA, DAVIS

BERKELEY · DAVIS · IRVINE · LOS ANGELES · RIVERSIDE · SAN DIEGO · SAN FRANCISCO   SANTA BARBARA · SANTA CRUZ

H.K.U.S.T. - PVC(AA)
Rec'd: 1 2 JAN 1993

J. W. PELTASON
President of the University

THEODORE L. HULLAR
Chancellor at Davis

LARRY N. VANDERHOEF
Executive Vice Chancellor and Provost

OFFICE OF THE CHANCELLOR
DAVIS, CALIFORNIA 95616-8558

4 January 1993

Dr. Shain-Dow Kung
Pro-Vice-Chancellor
Office of Academic Affairs
The Hong Kong University of Science & Technology
Clear Water Bay, Kowloon
HONG KONG

Dear Dr. Kung:

Thank you very much for your recent card. Happy New Year to you! I hope that you are doing well. Certainly your advancement has been at a record breaking speed. I surely hope that we will be able to get together soon. I recently had a chance to talk, separately, with both Brit Kirwan and Johnny Toll at a meeting in New Orleans. Both of them have warm memories of you, and I believe they both hope that you will someday return to the University of Maryland. That is not an uncommon sentiment on their part about good people who leave.

Are your wife and children still living in Maryland? I hope you get back to see them regularly.

Have a great and successful New Year!

Sincerely,

Larry N. Vanderhoef
Executive Vice Chancellor
and Provost

sa

One hundred twenty-five years of service

附 录

附录六

UNIVERSITY OF MARYLAND BALTIMORE COUNTY
Catonsville, Maryland 21228
Office of the Chancellor 301-455-2274

December 6, 1984

Dr. Shain-Dow Kung
Department of Biological Sciences
University of Maryland Baltimore County
5401 Wilkens Avenue
Catonsville, Maryland 21228

Dear Shain-Dow:

    I was delighted to read that you had recently been inducted into the Directory of Distinguished Americans Hall of Fame for your contributions as a professor of biological sciences. While it is always gratifying when a member of our faculty is honored by a prestigious organization, this recognition of you is doubly gratifying because your contributions have done so much to build the overall reputation of this University.

    My very best wishes.

Sincerely,

John W. Dorsey

JWD:ral

附录七

推荐读《基因与人性》这本书
孔宪铎

书本里有学问也有黄金，其实读书本身就是一门大学问。我幼年因为家贫、战乱而失去读书的机会。可是，自19岁钻进象牙塔之后，直到今天，还没有放下书本。我的一生中，在不同的时期读书，都有不同的原因。在学生时代读书，多是为了考试；在恋爱中读书，多是为了感情；在年轻时读书学英文，多是为了留学；在工作时读书，又多是为了职业上的需要；在研究上读书，主要是找思路；在当老师时读书，又主要是为了备课；在做校长时读书，差不多都是为了写演讲稿；退休之后读书，不外是为了养性；在写书的时候读书，是为了找资料；我现在读书，不光是在找灵感，还希望找出自己走的一条路，最后走出一条大家都跟着走的大路。

从前三十而立的年代和如今七十从心所欲的时代不同的是，从前在失败时，去找励志的书读，现在则是花很多时间去写励志的书。譬如说，我在象牙塔里滚滚爬爬半个多世纪之后，就写了三本励志的书，都是为了在象牙塔里的人。第一本叫《背水一战》（香港三联书店1997，北京三联书店2005），这本书是为大学生们写的。第二本叫《我的科大十年》（香港三联书店2002，北大出版社2004），这本书是为老师们写的。照顾完了象牙塔里的学生和老师之外，也不能亏待研究生，所以又写了第三本《东西象牙塔》（北大出版社2004）。这本书是为象牙塔里的研究生们量身定做的。现在剩下来的读者，就是象牙塔外面的众生群体了。

为了天下的人们，我和北大的博导老师王登峰教授在今年 8 月 26 日，由北大出版社出版了一本《基因与人性》，这很可能就是每个人，为了了解自己，值得一读的书。

如果你想知道，人的祖先是谁，人性从何而来，什么是人的天性和习性，人的天性是善是恶，基因与人性有什么关系，你要读这本书。如果你想知道孔子说的"性相近也，习相远也"是什么，孔子说的"吾十有五而志于学，三十而立，四十而不惑，五十而知天命，六十而耳顺，七十而从心所欲，不逾矩"是为什么，你要看这本书。又为什么孔子会说"吾未见好色如好德者也"，你要看这本书。如果你想知道，人为什么对子女的疼爱比对父母的孝敬还要自动，还要深刻，而且会在有孙子辈时，对孙子辈比对子女辈还爱还疼，还亲，你要看这本书。如果你想了解江洋大盗张子强为了勒索李嘉诚的钱财，为什么去绑架李嘉诚的儿子，而不绑架李嘉诚本人，你该看这本书。如果你想知道在人世间的男欢女爱中，为什么"男欢"和"女爱"不同，"男欢"指的是年轻貌美，而"女爱"指的是财富成熟，你也该看这本书。

写到这里，不管是不是已经唤起你读这本书的欲望，至少你是想知道上述问题的一些答案的。下面我再问你一个问题，并且附上本书中的标准答案。

问题是，古代的告子说"食、色性也"。这就是说，食和色都是人的天性。自古以来，吃的生活和性的生活都各有其文化，那就是食文化和性文化，那么，你想不想知道，在古代帝王的性生活文化中，为什么为帝王配以许多的妃子？为什么为部落酋长配有许多妻妾？即使在民间也有古代的一夫多妻制？连名人辜鸿铭先生都将一夫多妻制，比做一个茶壶与多个茶杯的合理性。

以上所述的人之天性，都与基因有关。请看《基因与人性》一书中第 149 页第 5 节论及的"性行为文化"一段。下面就是书中的答案：

　　基因最大的原动力就是复制，复制在动物界包括人类就是繁殖。人类要靠两性繁殖，而偏偏人类两性繁殖能力有区别。男性的生殖能力可以延长到七八十岁，每次放射的精子多到上亿。相反的，女性的生育能力多不超过四十岁，一生只有卵子四百个左右，能生育成人的至多也不过十个。一个女子能生育十个子女，已经达到体力的极限了。从生物进化和繁殖的观点看，男性要是完全从性顺情地借发挥生殖的潜力而达到满足娱情的目的，则必须有赖多个年轻的异性伴侣。但这是不为社会法规道德和经济能力所允许的。儒家的孟子就主张寡欲，荀子则主张节欲。可是有的男性一旦有了权、地位和钱财，就会认为自己居于万人之上，居于道德和法规之上，则可以随心所欲，而出轨、乱理、违法，终归于悲剧。所以，性行为须有文化。

　　古代宫廷的性行为文化是为了满足帝王而设有很多不同年龄的妃子；在部落地区，部落的性行为文化是为了满足酋长们而设有不同数目的妻妾。酋长的地位越高，妻妾的数目越多。在民间的性行为文化，则是昔日的一夫多妻制。现在，王室没有了，部落也没有了，连一夫多妻制也没有了，但是有些从性顺情的男人们的情妇和二奶们还是络绎不绝。为什么呢？因为这种行为由基因遗传下来而成为男性的天性，已不是道德和法律所能全部左右得了的了。解决这一问题的基本方法只有从基因着手，载有这一基因的，很可能是那一条专为男性所有的Y染色体。

　　上述的现象是生物现象，普遍地存在于生物界。在动物界，雄性之间相争最激烈的就是传宗接代的权利。例如：雄性的羊、鹿和猩猩等为了占有与多数雌性的交配权而角斗。斗胜者，也就是强者，则获得与多个雌性的交配权而留下很多强者为后代，以合乎进化的原则。在植物界，雌雄两性的繁殖器官之结构和功用，有如人类，也不一样。雌性的器官只有一个单一固定的子房，受精之后，发育成为一个果实。相反的，雄性的花粉（精子）则是生长在许多个花药里面，数目是成千上万，到处飞扬散播。这和人类颇有相似之处。在春天，空气中充满花粉，引起人们的敏感症状，就是这个原因。

附录八

宪锋兄：

十分感谢你寄来的<u>真人真话</u>，读来爽人心脾，非常深刻，非常有趣，敬佩不已。朋友、同事、学生们争相传观，不胫而走。现在追不回来了，已经不知传多远了。难么北先生、故主掌院给来访的人看很兴趣，但出版的目的还是为了读者。读者搞着，我想你也许不会太责备我。

你一生真人真话，事上得以成功。你一生又雪一次又一次的忤背北之戟，每战皆捷，这考是得归功于凡事不全力以赴，给与百分之百的精力加上直说直说，实事求是之故。但除了能力、性格和努力的功劳以外，还得加上运气。运气你两遇到的人是好人多。运气你遇上好事世在学术界、报考界。那现雷的确没什么人。我自己一生也很幸运，所遇到的人都很公道。

很有见地。说实话，一般留学德国学者，没什么了批评的。这了不是运气好吗？

98年七月我去中兴大学，参加报载平研讨会——力学与教学，为林致平所揭幕，所以对中兴大学略有所知。读了你的书，才知道我来去了中兴大学。你写了好话，说不定我的会在那也见面。你一定终使中兴真正中兴。美国的移民国籍法那新条理，使你不能接受，我们也是第一次听到。无疑人情未影响一定很大。

圣诞将至，谨祝你与静孜嫂
圣诞快乐，新的2000年中，事事如意，健康
愉快

冯元桢 上

1999 12月18日。

北京大学出版社 教育出版中心 精品图书

21世纪信息传播实验系列教材（黄慕雄 徐福荫 主编）
- 广告策划与创意　　　　　　唐佳希 李斐飞　26元
- 电视照明・电视音乐音响　蓝辉强 李剑琴 陈海翔　26元
- 广播电视摄、录、编　　付 俊 黄碧云 睢 凌　25元
- 摄 影　　　　　　　张 红 钟日辉 邱文祥　25元
- 数字动画基础与制作　　　　　　葛 玥 莫丹丹　34元
- 传播学研究方法与实践　张学波 刘 兢 林秀瑜　28元
- 播音主持　　　　　　　　　　　黄碧云 睢 凌　26元
- 报刊新闻电子编辑　　　　　罗 昕 彭 柳 刘 敏　24元

21世纪信息传播专业英语系列教材
- 教育技术学专业英语　　　　　　　吴军其 严 莉　32元

21世纪教育科学系列教材
- 教师教育概论　　　　　　　　　　李 进 主编　75元
- 基础教育哲学　　　　　　　　　　陈建华 著　35元
- 当代教育行政原理　　　　　　　龚怡祖 编著　37元
- 教育心理学　　　　　　　　　　李晓东 主编　34元
- 教育计量学　　　　　　　　　　　岳昌君 著　26元
- 教育经济学　　　　　　　　　　　刘志民 著　39元
- 现代教学论基础　　　　　徐继存 赵昌木 主编　35元
- 现代教育评价教程　　　　　　　　吴 钢 著　32元
- 心理与教育测量　　　　　　　　　顾海根 主编　28元
- 高等教育的社会经济学　　　　　　金子元久 著　32元

教师资格认定及师范类毕业生上岗考试辅导教材
- 教育学　　　　　　　　　　余文森 王 晞 主编　26元
- 教育心理学概论　　　　　　连 榕 罗丽芳 主编　36元

21世纪教育科学系列教材・学科教学论系列
- 新理念化学教学论　　　　　　　王后雄 主编　38元
- 新理念科学教学论　　　　崔 鸿 张海珠 主编　34元
- 新理念生物教学论　　　　崔 鸿 郑晓慧 主编　36元
- 新理念地理教学论　　　　　　　李家清 主编　37元
- 新理念历史教学论　　　　　　　杜 芳 主编　29元
- 新理念思想政治（品德）教学论　　胡田庚 主编　32元

21世纪教师教育系列教材・学科教学技能训练系列
- 新理念化学教学技能训练　　　　王后雄 主编　28元
- 新理念思想政治（品德）教学技能训练　胡田庚 主编　26元

21世纪教师教育系列教材・物理教育系列
- 中学物理微格教学教程　　　　　　张军朋 著　28元

21世纪教育科学系列教材・学科学习心理学系列
- 数学学习心理学　　　　　　孔凡哲 曾 峥 编著　29元
- 语文学习心理学　　　　　　　　李 广 主编　29元
- 化学学习心理学　　　　　　　　王后雄 主编　29元

21世纪农村教育改革与发展丛书
- 农村义务教育经费保障新机制　　邬志辉 主编　42元
- 农村义务教育整体办学模式与评价　王蒙英 主编　42元
- 参与式教学与教师专业发展——"西部基础教育发展项目"的经验与反思
　　　　　　　　陈向明 主编　陶剑灵 副主编　32元
- 学校发展计划与学校自主发展——"西部基础教育发展项目"的经验与反思
　　　　　　　　陈向明 主编　陶剑灵 副主编　39.8元

21世纪引进版精品教材・学术道德与学术规范系列
- 如何为学术刊物撰稿：写作技能与规范（英文影印版）
　　　　　　　　　　　　　　[英] 罗薇娜·莫 编著　26元
- 如何撰写和发表科技论文（英文影印版）
　　　　　　　　　　　　　　[美] 罗伯特·戴 等著　28元
- 如何撰写与发表社会科学论文：国际刊物指南
　　　　　　　　　　　　　　　　　蔡今忠 著　25元
- 如何查找文献　　　　　　[英] 萨莉拉·姆齐 著　25元
- 给研究生的学术建议　　　[英] 戈登·鲁格 等著　26元
- 学术道德学生读本　　　　[英] 保罗·奥利弗 著　17元
- 科技论文写作快速入门　[瑞典] 比约·古斯塔维 著　19元
- 社会科学研究的基本规则　[英] 朱迪斯·贝尔 著　18元
- 做好社会研究的10个关键　[英] 马丁·丹斯考姆 著　20元
- 阅读、写作和推理：学生指导手册
　　　　　　　　　　　　　　[英] 加文·费尔贝恩 著　25元
- 如何写好科研项目申请书
　　　　　　　　　[美] 安德鲁·弗里德兰德 等著　25元

21世纪引进版精品教材・研究方法系列
- 教育研究方法：实用指南　[美] 乔伊斯·高尔 等著　78元
- 高等教育研究：进展与方法　[英] 马尔科姆·泰特 著　25元
- 社会研究：问题方法与过程（第三版）
　　　　　　　　　　　　　　　　[英] 迪姆·梅 著　32元

大学教师通识教育读本（教学之道丛书）
- 如何成为卓越的大学教师　　　　肯·贝恩 著　24元
- 给大学新教员的建议　　　罗伯特·博伊斯 著　28元
- 理解教与学：高校教学策略
　　　　　　　　　　　　[英] 迈克尔·普洛瑟 等著　26元
- 规则与潜规则：学术界的生存智慧
　　　　　　　　　　　　　[美] 约翰·达利 等主编　28元
- 给研究生导师的建议（第2版）
　　　　　　　　　　　　[英] 萨拉·德拉蒙特 等著　26元

| 教师的道与德 | 爱德华·希尔斯 著 26元 | 高等教育的经济分析与政策 [日]矢野真和 著 35元 |

大学之道丛书
知识社会中的大学　　　　[英]杰勒德·德兰迪 著 28元
哈佛通识教育红皮书
　　　　　　　　　　哈佛委员会 撰 32元
知识与金钱——研究型大学与市场的悖论
　　　　　　　　　　罗杰·盖格 著 38元
一流大学 卓越校长——麻省理工学院与研究型大学的作用
　　　　　　　　　　[美]查尔斯·维斯特 著 28元
美国大学之魂　　　[美]乔治·M.马斯登 著 58元
哈佛规则：捍卫大学之魂
　　　　　　　　　　[美]理查德·布瑞德利 著 48元
大学理念重审：与纽曼对话
　　　　　　　　　　[美]雅罗斯拉夫·帕利坎 著 35元
学术部落及其领地——知识探索与学科文化
　　　　　　[英]托尼·比彻 保罗·特罗勒尔 著 33元
德国古典大学观及其对中国大学的影响
　　　　　　　　　　陈洪捷 著 22元
大学校长遴选：理念与实务　　黄俊杰 主编 28元
转变中的大学：传统、议题与前景　郭为藩 著 23元
学术资本主义：政治、政策和创业型大学
　　　　[美]希拉·斯劳特 拉里·莱斯利 著 36元
什么是世界一流大学　　　　丁学良 著 23元
21世纪的大学　　　[美]詹姆斯·杜德斯达 著 38元
公司文化中的大学　　　[美]埃里克·古尔德 著 23元
美国公立大学的未来
　　　[美]詹姆斯·杜德斯达 弗瑞斯·沃马克 著 30元
高等教育公司：营利性大学的崛起
　　　　　　　　　　[美]理查德·鲁克 著 24元
大学的逻辑　　　　　　　　张维迎 著 25.8元
东西象牙塔　　　　　　　　孔宪铎 著 32元
我的科大十年（增订版）　　孔宪铎 著 29.8元
高等教育市场化　　戴晓霞 莫家豪 谢安邦 主编 32元

大学之忧丛书
大学之用（第五版）　　[美]克拉克·克尔 著 35元
废墟中的大学　　[加拿大]比尔·雷丁斯 著 38元
高等教育市场化的底线　　　[美]大卫·科伯 著 45元

北京大学教育经济与管理丛书（闵维方 丁小浩 主编）
在职培训的投资收益　　　　李湘萍 著 28元
教育与代际流动　　　　　　郭丛斌 著 28元
人力资本、社会资本与职业发展成就　康小明 著 28元
教育投资收益——风险分析　马晓强 著 28元
教育的信息功能与筛选功能　李锋亮 著 32元
大学内部财政分化　　　　　郭 海 著 28元

北京大学教育经济与政策丛书
中国教育经费合理配置研究　睢国余 麻勇爱 著 28元
中国高等教育入学机会的公平性研究　李文胜 著 28元
走向公共教育——教育民营化的超越　文东茅 著 32元

当代教育经济与法律丛书
美国教育法与判例　　　　　秦梦群 著 39.8元

中国高等教育史丛书
国立西南联合大学校史（修订版）——一九三七至一九四六年的北大、清华、南开
　　　　　　西南联合大学北京校友会 编 49元
张伯苓的大学理念
　　　张伯苓 胡 适 吴大猷 等著 梁吉生 主编 25元
抗日战争时期解放区高等教育　曲士培 著 20元
燕园杂忆——世纪之交的北京大学国际交流
　　　　　　　　　　迟惠生 著 26元
建设应用型大学之路　　　孔繁敏等编 著 59元
中国大学教育发展史　　　　曲士培 著 49.8元

中国教育史哲丛书
中国新教育的萌芽与成长（1860—1928）
　　　　　　　　　　苏云峰 著 26元
中国教育周期论　　　　　　姜国钧 著 28元

管理之道丛书
美国大学的运作与学术管理
　　　　　　　[美]罗纳德·G.埃伦伯格 著 40元
成功大学的管理之道　　[英]迈克尔·夏托克 著 25元

教育之思丛书
教育大境界　　　　　　　　傅东缨 著 45元
教育领导智汇　　　　　　　李 进 主编 40元
我的教师教育观——当代师范生之愿景
　　　　　　　　　　李 进 主编 32元
教师教育与教育领导　　　　李 进 主编 44元
文化传统与数学教育现代化　张维忠 王建琴 著 20元
建设卓越学校：领导层·管理层·教师的职业发展
（第2版）　　　　　　　　张延明 著 98元
基础教育的战略思考　　　　王炎斌 著 22元
教育凝眸　　　　　　　　　郭志明 著 16元
教育的痛和痒　　　　　　　赵宪宇 著 20元
教育思想的革命　　　　　　张先华 著 15元
教育印痕　　　　　　　　　王淮龙等 主编 22元
教育印迹　　　　　　　　　王淮龙等 主编 18元

高等教育与全球化丛书
敬儒心语　　　　　　　　　陈育彬 著 18元
全球化与大学的回应　　　[美]简·柯里等 36元
高等教育变革的国际趋势
　　　　　[美]菲利普·G.阿特巴赫 著 蒋 凯 主译 34元
高等教育全球化：理论与政策
　　　　　　　　　　[英]皮特·斯科特 主编 30元
发展中国家的高等教育：环境变迁与大学的回应
　　　　　　[美]戴维·查普曼 奥斯汀 主编 35元

北大开放教育文丛
教育：让人成为人——西方大思想家论人文和科学
　　　　　　　　　　杨自伍 编译 30元
教育究竟是什么？100位思想家论教育
　　　　　[英]乔伊·帕尔默 主编　任钟印 诸惠芳 译 45元